Eugen E. Hüsler

Klettersteige
Gardasee

Mit Trentiner Bergen und Monti Lessini

W0234063

Bruckmann

Vorwort

So ganz anders war es vor anderthalb Jahrhunderten auch nicht; schon damals pilgerten sonnenhungrige Nordländer in den Süden, an die Gestade des Gardasees. Nur dass es sich in der »guten alten Zeit« bloß Betuchte leisten konnten, überhaupt zu verreisen. Und nach langer Fahrt (aber ganz ohne Stau) am Benacus angekommen, frönte man vor allem dem gepflegten Nichtstun, delektierte man sich an der bezaubernden Kulisse.

Und heute? Längst ist der See, sind seine Berge zur riesigen Sportarena für die Massen geworden; Haifischflossensegel flitzen übers raue Wasser, Biker kurbeln über schottrige Pisten bergwärts, im Himmel am Monte Baldo hängen bunte Schirme, an den Sonnenfelsen hinter Arco wird aufgestiegen und abgeseilt.

Auch bei den Klettersteiglern hat der See seine (große) Anhängerschar; immerhin kann man über dem Wasser fast das ganze Jahr seinem steilen Hobby frönen. »Monte Albano«, »Via Pisetta«, »Che Guevara« und »Via dell'Amicizia« heißen die Zauberformeln, die das Herz des »Ferratista« höher schlagen lassen, im nebelgrauen Bayern für Sonnenträume sorgen: aufwärts, am Drahtseil, an der Leiter.

Das geht auch im Etschtal, wo man zwischen dem Überetsch und Trento auf ein halbes Dutzend waschechter Klettersteige stößt. Und noch weiter südlich, am Pasubio und in den Monti Lessini, deren Hauptkamm treffend als „Piccole Dolomiti" bezeichnet wird, gibts noch ein paar Eisenwege, landschaftliche Schmankerl, steile Routen.

Übrigens: In den Bergen zwischen Tremalzo und Pasubio, Mendelkamm und Monte Gramolòn ist viel mehr zu entdecken als nur ein bisschen Eisen am Fels. In diesem Sinn: Augen auf und viel Spaß auf den »Klettersteigen des Südens«!

Eugen E. Hüsler

Farblich unterschiedliche Piktogramme erleichtern den Überblick:			
	Gesicherte Steige	Kletter-steige	Alpine Steige	Sportkletter-steige
leicht				
mittel				
schwierig/ sehr schwierig				

INHALT

Wichtig: die richtige Ausrüstung

Auf den Vie ferrate, den »Eisenwegen«, braucht man zwar weder Schneidbrenner noch Drahtzange, aber in jedem Fall die richtige Ausrüstung. Das ist einerseits mehr, als Bergwanderer in ihrem Rucksack haben, aber erheblich weniger, als ein Kletterer zum Einstieg schleppt. Geht man auf eine große Tour alpinen Zuschnitts, beispielsweise in den Monti Lessini, ist der Ballast natürlich ungleich größer als beim Training am kurzen, talnahen Sportklettersteig. Da wird dann der Biwaksack verstaut, werden im Frühsommer Grödeln aufgepackt. Taschenlampe und Handschuhe sind ohnehin im Rucksack.

Auch das »Outfit« (so nennt sich das heute) hängt weitgehend von der Jahreszeit und dem gewählten Tourenziel ab. Klar, dass im Sommer (oder am Gardasee) das Beinkleid kurz ausfällt, dass die Trinkflasche dafür etwas größer sein muss. Auf der »Ferrata *Am oberen* Rio Sallagoni« etwa braucht es kein schweres Gepäck, dafür *Ende des* aber die richtigen Schuhe: Kletterpatschen mit elastischer Sohle, *Gardasees* die maximale Reibung im Steilfels gewähren. Schwere Bergstie- *liegt das* fel, im Hochgebirge auch auf gesicherten Steigen durchaus pas- *Städtchen* send, schneiden natürlich schlechter ab. *Riva.*

Helm auf! Also wichtig: unten die richtigen Schuhe – und oben eine Kopfbedeckung, für alle Fälle. Auf Gratrouten darf man ja durchaus auf das (schweißtreibende) Stück verzichten (ein fesches Stirnband gefällt ohnehin besser), doch in Rinnen und Schluchten, unter Felswänden und auf Bändern gibt man sich doch gerne bedeckt, weiß jede/r den Helm zu schätzen. Und da sind ja noch jene Bergkameraden, die sich gerne als »Abräumer« betätigen.

Die Selbstsicherung

Klettersteig-Sets: Sicherheit vermittelt dem »Akrobat schöön« am Drahtseil nicht das Netz, sondern sein Klettersteig-Set, das aus einem Sitz- und einem Brustgurt (bzw. Kombigurt), zwei je etwa einen Meter langen Seilstücken, einer Sturzbremse und zwei Schnappkarabinern mit großer Öffnung besteht. Diese Sets werden von mehreren Herstellern angeboten, in unterschiedlichen Standards. Üblich ist heute die Y-Form, die doppelte Sicherheit bietet, weil jeweils beide Karabiner eingehängt werden. Eine innovative Neuerung bilden Sets mit angenähter Bandschlinge. Endlich ist Schluss mit dem umständlichen Einbinden des Sets, keine Knoten mehr (die aufgehen können)! Die Bandschlinge wird ganz simpel per Ankerstich mit dem Klettergurt verbunden – da kann wirklich nichts mehr schiefgehen! Manche Hersteller sind auch bei den Karabinern vom traditionellen Knoten abgekommen zugunsten vernähter Bänder. Ein echter Fortschritt!

Karabiner: Auch bei den Karabinern sind neue Entwicklungen zu registrieren; wer es sicher und komfortabel mag, greift zum Mo-

Wichtig für den Klettersteiggeher: die Selbstsicherung.

dell »Attac« von Salewa mit seiner intelligenten Verschlusssiche-
rung. Um ihn einzuhängen, drückt man den Karabiner einfach
gegen das Drahtseil oder die Verankerung. Sehr vorteilhaft auch,
dass der Karabiner durch eine Öse eingebunden wird; eine
Querbelastung ist dadurch unmöglich (Bruchrisiko).

Partnersicherung: Auf steilen bis senkrechten Klettersteigen, die
lediglich mit einem durchlaufenden Drahtseil ausgestattet sind
(z.B. »Via Pisetta«), gewährleistet diese Selbstsicherung keinen
optimalen Schutz. Versuche haben gezeigt, dass bei Stürzen über
wenige Meter bereits Kräfte frei werden, die zu Karabinerbruch
oder Seilriss führen können. Und sogar wenn die Sicherungen
halten, muss bei solchen Stürzen mit bösen Verletzungen gerech-
net werden. Wirkliche Sicherheit bietet da nur die konventionel-
le Partnersicherung – man begeht die Via ferrata wie eine Kletterroute.

Schönste Ferrata der Gardasee-Region: die »Che Guevara«.

Ein Wort zum Umweltschutz. Über die enormen Belastungen, denen die Alpen als »Playground of Europe« ausgesetzt sind, muss an dieser Stelle nichts weiter gesagt werden. Von den Besuchermassen darf man wohl nur bedingt erwarten, dass sie – entgegen ihrer (schlechten) Gewohnheiten – das Naturwunder Alpen nicht bloß konsumieren, sondern als Individuum sinnvoll erleben. Diese Erkenntnis entbindet aber gerade den Bergsteiger keineswegs von einer Mitverantwortung gegenüber seinen Bergen. Also zumindest dafür sorgen, dass der Müllhaufen nicht weiter anwächst! Was bereits herumliegt, braucht nicht ansteckend zu wirken, im Gegenteil: Ich habe es mir zur (guten) Gewohnheit gemacht, nicht nur die eigenen Abfälle, sondern von jeder Tour auch ein zurückgebliebenes Exponat unserer Wegwerfgesellschaft wieder hinab ins Tal mitzunehmen. Die kleine »Mühe«, von all jenen praktiziert, die sich als Berg- und Naturfreunde fühlen, müsste eigentlich eine erfreulich reinigende Wirkung auf Gipfel und Wegränder zeitigen.

Gefahren

Wenn das Leben gefährlich ist (wie der Volksmund behauptet), dann ist es das Herumsteigen im Gebirge sowieso. Das wissen die Bergbauern (sofern sie noch nicht Hoteliers geworden sind), und sie begegnen dem Berg deshalb mit Respekt, meiden unnötige Risiken. Der moderne Mensch dagegen, in seinem Alltag der Natur entfremdet, an PC und Handy gefesselt, meist auch sitzend unterwegs (im Auto, im Zug), er sucht das Abenteuer, den spannend-entspannenden Kontrast zu seiner Arbeitswelt. So begibt er sich bewusst auf unbekanntes Terrain – in Gefahr halt. Und die kommt im Gebirge meistens von oben: Regen, Schnee, Gewitter, Steinschlag.

Steinschlag: Er steht in der Liste alpiner Unfallursachen an erster Stelle, wie Statistiken beweisen. Schuld daran sind leider auch rücksichtslose »Bergkameraden«, die durch unsauberes Gehen für gefährlichen »Beschuss« sorgen. Steilrinnen und Geröllschluchten sollte man nach Möglichkeit ohnehin nur betreten, wenn niemand darin unterwegs ist, und selbstverständlich wird man in diesen kritischen Bereichen selber keine Steine lostreten.

Wetter: Immer wieder ist zu beobachten, wie sträflich die Wetterentwicklung von Bergsteigern unterschätzt wird. Wer einmal ein richtiges Gewitter in den Alpen erlebt hat oder bei einem Temperatursturz mit einsetzendem Schneefall über einen Klettersteig abgestiegen ist, wird in Zukunft entschieden vorsichtiger sein. Deshalb: vorher Infos über die Wetteraussichten einholen! Ein strahlend schöner früher Morgen bietet keinerlei Gewähr, dass es den ganzen Tag über sonnig bleibt, dass weder Gewitter noch Regen drohen. Als Vorboten einer Wetterverschlechterung gelten Morgenrot, fallender Luftdruck (lässt sich am Höhenmesser ablesen), bestimmte Wolkenbilder (z.B. Schäfchenwolken nach längerem Schönwetter, Föhnfische und von Westen aufziehende Federwolken). Bilden sich bereits am Vormittag Haufenwolken, die dann rasch zu mächtigen Türmen anwachsen, sind Schauer, Blitz und Donner zu erwarten. Und das muss Klettersteiger ganz besonders interessieren, ist ihr liebstes Sportgerät doch ein gigantischer Blitzableiter.

Besonders gefährlich sind Gewitter auf »eisernen« Überschreitungen, bei denen man auch den Abstieg über eine Ferrata neh-

men muss. Da hilft bei Gewittergefahr bloß: rechtzeitig umkehren. Wird man trotzdem vom Unwetter erwischt, heißt die Devise: weg von Eisenleitern und Drahtseilen (aber natürlich nur, wenn das ohne Absturzgefahr geht)! Zu meiden sind herausragende Geländepunkte wie Gipfel, Grate oder isoliert stehende Bäume. Auch Felsnischen bieten keinen sicheren Schutz, da sich ein Blitzschlag über die Wand entladen kann.

Bin nicht schwindelfrei... Der Blick in bodenlose Tiefe, er gehört auf Klettersteigen natürlich dazu, macht ja (für manche) den besonderen Reiz dieser Form des Bergsteigens aus: sicher am Abgrund, das kleine Abenteuer, wohliges Kribbeln im Bauch. Doch die Vorstellung, hoch über dem (sicheren) Boden auf ein paar Eisenklammern zu stehen, kann auch ganz andere Reaktionen auslösen: Bin ich schwindelfrei? Es gibt organisch bedingte Störungen des Gleichgewichtssinns, doch viel häufiger ist ein Schwindelgefühl, dessen Wurzeln psychischer Natur sind: Angst. Und die kann man (manchmal) besiegen, mit viel Geduld und beharrlichem Training. Allmähliche Gewöhnung an die Höhe (bzw. die Tiefe), verbunden mit der langsam wachsenden Gewissheit: Ich schaff' es!

Ein tolles Revier für Klettersteiger: der Rocchetta-Stock bei Riva.

Selbstüberschätzung: Bergsteigen lernt man nicht von heute auf morgen, und das gilt auch für das Klettersteiggehen. Es ist ein verhängnisvoller Irrtum, zu glauben, das sichernde Eisen wäre eine Versicherung gegen menschliche Unzulänglichkeit; im Gegenteil: Manchmal verleitet es zu gefährlichen Fehleinschätzungen. Deshalb der Rat: klein anfangen, allmählich steigern, nicht zu viel Ehrgeiz entwickeln. Und auf keinen Fall vergessen: Der Spaß an der Sache ist wichtiger als das (vielleicht zu hoch gesteckte) Ziel.

Leicht zu merken – 10 Regeln für Klettersteigler

➔ Vor der Tour: Infos über Wetteraussichten einholen; bei Gewitterneigung möglichst früh starten, besser Tour verschieben.

➔ Tourenplanung dem eigenen Können (bzw. dem des schwächsten Teilnehmers) anpassen. Nicht gleich mit der schwierigsten Ferrata beginnen!

➔ Rucksack sorgfältig packen: nichts vergessen?

➔ Ausrüstung nicht nur mitnehmen, sondern auch benützen. Der Steinschlaghelm im Rucksack nützt recht wenig ...

➔ An der Via ferrata nach Möglichkeit klettern; das Drahtseil dient ja in erster Linie der Sicherung. Wo das nicht mehr möglich ist, darauf achten, dass ein Seilabschnitt jeweils nur von einer Person benützt wird.

➔ Sorgfältig gehen, Steinschlag vermeiden. In Rinnen und Schluchten nach Möglichkeit erst einsteigen, wenn das Gelände über einem »frei« ist, also keine anderen Bergsteiger unterwegs sind.

➔ Stets aufs Wetter achten. Bei Gewittergefahr weg von Graten und Eisenteilen – wer geht schon gerne an einem riesigen Blitzableiter entlang spazieren?

➔ Bei einem Wettersturz umdrehen! Selbst nur mäßig schwierige Klettersteige verwandeln sich bei Regen oder Schneefall, bei einem Temperatursturz (Vereisung) rasch in gefährliche Fallen.

➔ Kein blindes Vertrauen in Drahtseile, Haken und Verankerungen; sie können beschädigt sein. Drahtseile nicht unnötig auf Zug belasten.

➔ Defekte Sicherungen in der Hütte oder im Talort (Polizei, Tourismusbüro) melden!

Objektiv – subjektiv:
die Schwierigkeit mit den Schwierigkeiten

Höhen am Südrand der Alpen: Gardaseeberge.

Es ist fast wie in der Schule: Noten müssen her, Bewertungen, ein System halt, das den Klettersteigler informiert, ihm Vergleichsmöglichkeiten eröffnet: leicht, mittel, schwierig, sehr schwierig. Das hört sich ganz einfach an, ist in Wirklichkeit aber ziemlich kompliziert (siehe Schule). Nur ein Beispiel: Was hat der »Jubiläumsgrat« im Wettersteinmassiv mit der »Pisetta« gemeinsam? Die Eisenteile, richtig. Aber das ist, abgesehen von der »Felsunterlage«, auch schon alles; bei ersterem handelt es sich um eine hochalpine Gratüberschreitung, während an der »Pisetta« vor allem ein kräftiger Bizeps und absolute Immunität gegen schwindelnde Tiefblicke verlangt werden. Die Begehung des »Jubigrates« setzt alpine Erfahrung voraus, sicheres Gehen in ungesichertem Gelände, Klettererfahrung und eine tadellose Kondition. All das ist am Dain Picol zweitrangig, noch mehr an jenen Sportklettersteigen in den französischen Alpen, die sich als Ausbildungsgelände für angehende Feuerwehrmänner bestens eignen.

Angst vor der Tiefe. Wer kennt es nicht, das leichte Kribbeln, das einen an sehr ausgesetzten Passagen befällt, bei manchen panische Reaktionen auslöst, während andere es als emotionales Highlight empfinden – das kalkulierte Risiko, das »sichere« Abenteuer. Wers ganz extrem auskosten will, springt gleich am Gummiseil von der Brücke. Alles subjektiv, sagt der Verstand – doch das Gefühl?

Klettersteigler sind in der Regel Hobbybergsteiger, keine Profis oder Kletterer. Ihr alpines Rüstzeug variiert mindestens so stark wie die Qualität des Frühstückskaffees auf Berghütten: miserabel bis sehr gut. Manche, die sich am Drahtseil und auf der Leiter völlig sicher fühlen, bekommen im ungesicherten Schrofengelände ihre Probleme – und umgekehrt.

Dennoch, eine Skala muss her, Noten sind wichtig (nicht nur in der Schule). Also nochmals von vorn. Eine »Via ferrata« ist als Kletterroute mit fest installierten Sicherungen und künstlichen Haltepunkten zu definieren. Entsprechend hängt ihre Bewertung vor allem von zwei Faktoren ab: dem Schwierigkeitsgrad der naturbelassenen Route (nach der Bewertungsskala der UIAA) und der Art bzw. dem Umfang der angebrachten Eisenteile (Drahtseile, Haken, Leitern). Mit zwei Ziffern ließe sie sich verhältnismäßig leicht klassifizieren, beispielsweise V/D (eine Route im V. Schwierigkeitsgrad mit Drahtseilsicherungen) oder III/DL (ein »Dreier«, ausgerüstet mit Drahtseilen und Leitern).

Zu kompliziert? Also doch: leicht, mittel, schwierig und sehr schwierig.

Eine Vier-Klassen-«Gesellschaft»

Den sehr unterschiedlichen Anforderungen auf gesicherten Routen entsprechen vier Kategorien: **Gesicherte Steige**, klassische **Klettersteige**, **Alpine Steige**, **Sportklettersteige**. Sie unterscheiden sich in dem Führer durch die Farbpunkte im Piktogramm.

Gesicherte Steige Wege oder Steige, die in der Regel nur kürzere gesicherte Passagen aufweisen, z.B. Normalwege auf Gipfel, Gratrouten oder Übergänge von Hütte zu Hütte. Bergerfahrung ist entschieden wichtiger als ein dicker Bizeps.

Klettersteige Die klassische Via ferrata, meistens eine mehr oder weniger aufwendig »aufgerüstete« Kletterroute.

Alpine Routen Mit den »Gesicherten Steigen« vergleichbar, nur kommt hier anspruchsvolleres ungesichertes Gelände dazu. Die alpine Route weist leichtere Kletterstellen auf (bis II), sie führt über Eis (Gletscherausrüstung) und/oder in heikles Schrofen- und Felsgelände. Routen für Bergsteiger mit entsprechender Erfahrung.

Sportklettersteige Meistens in Talnähe angelegte Routen, bei denen es mehr um Spektakel als um den Berg geht: senkrechte Wandstellen, maximal exponierte Querungen, neuerdings mit Gags wie Hänge- oder Dreiseilbrücken (ein Seil für die Füße, zwei zum Festhalten).

Die Hüsler-Schwierigkeitsskala

Leicht: Selbstverständlich handelt es sich auch hier nicht um einen simplen Wanderweg, der Steig ist in der Regel aber trassiert, die Sicherungen sind in Relation zum Gelände komfortabel. Durchwegs große natürliche Tritte; wo sie fehlen, werden sie durch Leitern, Stege, Eisenbügel und Haken ersetzt. Nur kürzere exponierte (und dann bestens gesicherte) Passagen. Für geübte Bergsteiger ist noch keine Selbstsicherung erforderlich.

Mittel: Man bewegt sich abschnittsweise bereits im Steilfels; die Routen sind aber recht aufwendig gesichert. Senkrechte Passagen mit Eisenbügeln und/oder Leitern, Drahtseilsicherungen auch in weniger schwierigem Gelände. Selbstsicherung auch für routiniertere Bergsteiger empfehlenswert.

Schwierig: Das Gelände wird steiler, schwieriger; oft finden sich nur mehr kleine Tritte und Griffe, die Sicherungen sind sparsamer gesetzt. Auch an exponierten Stellen hilft oft bloß ein Drahtseil; künstliche Haltepunkte (Haken, Eisenbügel) nur an den schwierigsten Stellen.

Sehr schwierig: Klettersteige im extremen Felsgelände! Senkrechte bis leicht überhängende Passagen, vielfach bloß mit Fixseilen versehen. Nur für sehr erfahrene Klettersteiggeher mit gut trainiertem Bizeps!

Extrem schwierig In diese Kategorie fallen nur ganz wenige »Gänsehautrouten«; etwas für die Extremen unter den Ferratisti.

Mit viel Eisen ausgestattet: die »Via dell'Amicizia«.

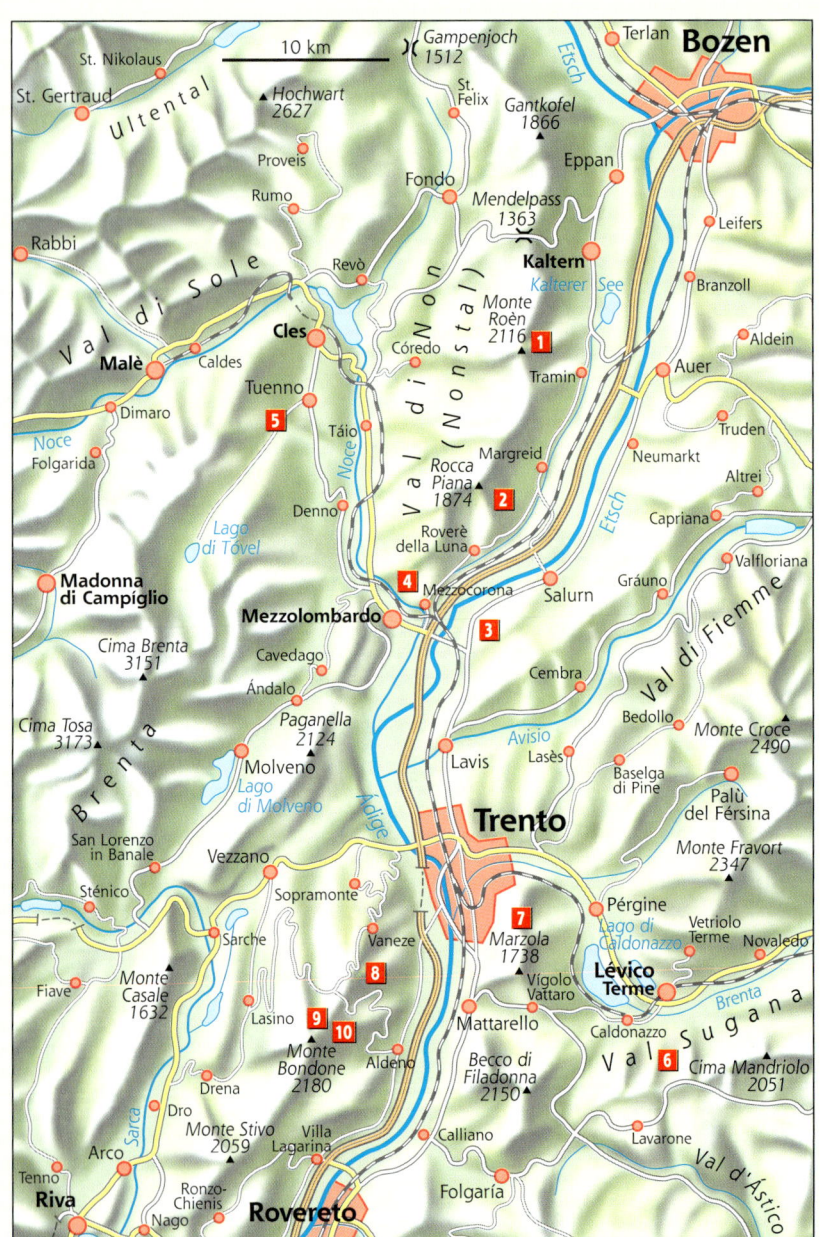

10 km

St. Nikolaus
St. Gertraud

U l t e n t a l

Hochwart
2627

Gampenjoch
1512

St.
Felix

Gantkofel
1866

Terlan

Bozen

Proveis

Fondo

Mendelpass
1363

Eppan

Leifers

Rumo

Kaltern

Kalterer See

Branzoll

Rabbi

Revò

V
a
l

d
i

N
o
n

(
N
o
n
s
t
a
l
)

Monte
Roèn
2116

1

Aldein

Cles

Córedo

Auer

Malè

Caldes

Tramin

V a l   d i   S o l e

Tuenno

Táio

Margreid

Truden

Dimaro

5

Noce

Folgarida

Rocca
Piana
1874

2

Neumarkt

Altrei

Denno

Noce

Roverè
della Luna

Capriana

Lago
di Tóvel

Mezzocorona

Salurn

Valfloriana

**Madonna
di Campiglio**

4

Gráuno

V
a
l

d
i

F
i
e
m
m
e

Cima Brenta
3151

Mezzolombardo

3

Cavedago

Cembra

Cima Tosa
3173

Ándalo

Bedollo

Monte Croce
2490

B
r
e
n
t
a

Paganella
2124

Avisio

Lasès

Baselga
di Pine

Palù
del Férsina

Molveno

Lago
di Molveno

Lavis

Adige

San Lorenzo
in Banale

Trento

Monte Fravort
2347

Sténico

Vezzano

Sopramonte

Pérgine

Vetriolo
Terme

Novaledo

Fiave

Monte
Casale
1632

Sarche

Vaneze

8

Marzola
1738

7

Lago di
Caldonazzo

**Lévico
Terme**

Lasino

9

10

Vígolo
Vattaro

Mattarello

Caldonazzo

Brenta

V
a
l

S
u
g
a
n
a

Drena

Monte
Bondone
2180

Aldeno

Becco di
Filadonna
2150

6

Cima Mandriolo
2051

Dro

Arco

Monte Stivo
2059

Villa
Lagarina

Calliano

Lavarone

V
a
l

d
'
A
s
t
i
c
o

Tenno

Sarca

Ronzo-
Chienis
Nago

Riva

Rovereto

Folgaría

Etschtal, rund um Trento

Klettersteigler, einmal jenseits des Alpenhauptkamms angekommen, brauchen nicht gleich bis zum Gardasee zu fahren, um ihrem Hobby zu frönen. Südtirol (die Dolomiten einmal ausgenommen) gilt zwar als »Ferrata-Wüste«, doch gleich jenseits der Provinzgrenze im Etschtal wartet bereits die erste echte Herausforderung für Bizeps und Nervenkostüm: die »Via attrezzata Rio Secco« (⇨ Tour 3). Wer sich diesen Drahtseilakt nicht zutraut, weicht hier auf den leichten, aber landschaftlich sehr eindrucksvollen »Burrone-Steig« (⇨ Tour 4) aus oder nimmt sich den »Fennberg-Klettersteig« (⇨ Tour 2) vor, eine recht lange Route mittlerer Schwierigkeit.

Auf der Weiterfahrt nach Trento kommt dann der Nordgipfel des Bondone mit seinem mächtigen Antennenstachel ins Blickfeld – ein abwechslungsreiches Revier für Ferratisti, von lang und leicht bis kurz, aber extrem (⇨ Touren 8, 9 und 10).

Ganz auf Genießer und Naturfreunde zugeschnitten sind die beiden kleinen Steige an der Marzola (⇨ Tour 7) und im Val Sugana (⇨ Tour 6).

Markanter Etschtalgipfel: die Paganella.

1 Roèn-Klettersteig

Monte Roèn, 2116 m
Auf den höchsten Spitz des Mendelkamms

 leicht

 5¼ Std.

 780 m

Routencharakter: Leichte, auch ziemlich kurze gesicherte Route. Kaum exponierte Stellen; Steinschlaggefahr in der Rinne durch Voraussteigende.
Ausgangspunkt: Enzianhütte (1409 m) südlich des Mendelpasses bzw. Bergstation des Mendel-Sessellifts (1579 m).
Gehzeiten: Gesamt 5 ¼ Std.; Aufstieg 3 ¼ Std., Abstieg 2 Std. Benützt

man den Sessellift, verringert sich die Gehzeit auf 4 Std.
Highlight: Panorama – bei guter Fernsicht!
Einkehr: Rifugio Malga Romeno (1768 m), bewirtschaftet Juni bis Oktober. Überetscher Hütte (1773 m), bewirtschaftet Mitte Mai bis Ende Oktober.
Fototipp: Tiefblicke (Tele!) auf die Überetscher Hütte und das Überetsch.

Der Mendelkamm, langgestreckt und schroff, bildet die alpine Kulisse des Überetsch: Felsburgen über Schlosstürmen. Blickfang ist der Gantkofel (1866 m) mit seiner jäh abfallenden Stirn (an der übrigens vor einiger Zeit eine Ferrata geplant war), höchster Gipfel der Monte Roèn (2116 m). Weit mehr Besuch erhält allerdings der Penegal (1737 m) dank Straßenzufahrt und Aussichtsturm. Von der eisernen Plattform schaut man ins »Land an der Etsch und im Gebirge« (Südtirol), aber auch weit über dessen Grenzen hinaus bis zu den Gardaseebergen und den firnbedeckten Dreitausendern der Hohen Tauern. Noch ein bisschen umfassender ist die Aussicht vom Monte Roèn. Der hieß im »Hochtourist« von 1930 noch Rhönberg (was mittlerweile ziemlich aus der Mode gekommen ist) und hatte bereits damals seinen Klettersteig; er führt, wie man nachlesen kann, »hinter der Hütte anfänglich über Schutthalden, dann l. in Fels mit guter Seilsicherung auf den Gipfel.« Voilà!
Die gesicherte Route ist so kurz wie anspruchslos, dadurch bestens für Anfänger im Umgang mit alpinem »Eisen« geeignet. Und der Zustieg lässt sich bei Benützung des Mendel-Sessellifts zur Halbweghütte auch noch verkürzen: der Monte Roèn als Halbtagstour.
Wer es etwas spannender mag und ausgefüllte Bergtage vorzieht, startet die Tour

Tipp Ein paar Drahtseilpassagen gibt es auch auf der Ostseite des Etschtals, am **»Leiferer Höhenweg«**. Der verläuft an der Nordflanke des Brantentals; er verbindet das Gasthaus Thaler mit den Höfen am Breitenberg und quert dabei einige abschüssige Rinnen (sechs Drahtseile). Talort: Leifers (255 m); Gesamtgehzeit etwa 4 Std.

in Graun (823 m): Aufstieg ins Grauner Joch (1800 m), weiter Kammwanderung zum großen Wetterkreuz (1868 m) und teilweise drahtseilgesicherte Querung am »Gamssteig« zur Überetscher Hütte, dann über den Klettersteig zum Gipfel. Anschließend Übergang am Kamm zum Schwarzen Kopf (2030 m) und Abstieg über die Kanzel nach Graun; insgesamt gut 8 Std. und 1500 Höhenmeter – im Auf- und im Abstieg.

Auch für Einsteiger geeignet: der kleine Klettersteig zum Monte Roèn.

➜ **Anfahrt** Den Mendelpass (1363 m) erreicht man aus dem Überetsch auf guter Straße, 15 km ab Eppan bzw. Kaltern oder von Kaltern-St. Anton mit der Standseilbahn. Knapp 2 km südlich der Scheitelhöhe liegt die Talstation des Mendel-Sessellifts (1380 m; Parkplatz); Bergstation (1579 m) unweit der Halbweghütte. Eine zweite Straße führt vom stark verbauten Pass zur Enzianhütte (1409 m), zu unserem Ausgangspunkt.

1

↗ **Zustieg** Von der Enzianhütte auf einem Fahrweg nur leicht bergan, Markierung 521, hinter den Moorwiesen in stärkerem Anstieg weiter im Wald zur Liftstation und zur Halbweghütte (1594 m). Überwiegend schattig auch die Fortsetzung der Tour, mit nur wenigen Ausblicken. Beim Rifugio Malga Romeno hält man sich links und quert hinüber zur hübsch gelegenen Überetscher Hütte (1773 m).

↑ **Roèn-Klettersteig**
Von der Hütte auf gutem Steiglein (Wegzeiger) in etwa 15 Minuten zum Einstieg (ca. 1870 m). Nun mit Drahtseilhilfe über gestufte Felsen, dann unter Überhängen nach links in eine steile Rinne. Sie wird in der Falllinie bis knapp unter den Kamm durchstiegen (Drahtseile). Zuletzt am abgeflachten Rücken zum Gipfel, *1 Std.*

↘ **Abstieg** Auf Weg 521 über den Nordrücken des Monte Roèn hinab zur Malga Romeno und via Halbweghütte zurück zum Mendelpass.

*Unten: Am Mendelkamm.
Rechts: Gut gerüstet für »eiserne« Wege?*

2 Fennberg-Klettersteig

Unterfennberg, 1047 m
Aus dem Etschtal auf den Fennberg

 mittel

 5 ½ Std.

 890 m

Routencharakter: Recht langer, gut gesicherter Klettersteig. Keine Tour für den Hochsommer – viel zu heiß!
Ausgangspunkt: An der Straße von Margreid nach Roverè della Luna.
Gehzeiten: Gesamt 5 ½ Std.; Aufstieg 3 Std., Abstieg und Rückweg 2 ½ Std.
Higlights: Tiefblicke ins Etschtal.

Einkehr: Plattenhof und Gasthof Zur Kirche in Unterfennberg (1047 m). Mehrere Gasthäuser in Margreid und Roverè della Luna.
Fototipp: Gute Actionmotive im unteren Teil des Klettersteigs: Einstiegskamin, senkrechte Klammerreihe, Leiterpassagen. Vormittagssonne.

Ganz unten im Südtiroler Unterland, der Sprach- und Provinzgrenze zum Trentino bereits ganz nahe, fußt der Fennberg in der breiten, durch die Abzugskanäle des Kalterer Sees erst urbar gemachten Sohle des Etschtals. Und genau da, Höhenkote 210 m, startet der »Fennberg-Klettersteig«, eine interessante gesicherte Route, bloß mäßig schwierig, aber ziemlich lang und anhaltend steil, im Hochsommer deshalb eine richtige (knochentrockene) Hitzefalle. Viel schöner ist die Tour im Frühling, wenn am Weg die rosafarbigen Blüten des Diptam (Dictamnus albus) stehen und der Goldregen (Laburnum anagyroides) seine Farbenpracht entfaltet. Überhaupt zeichnen sich die felsigen Steilhänge des Fennbergs durch eine besonders artenreiche Vegetation aus, wobei ausgesprochene Alpenpflanzen wie etwa Silberwurz (Dryas octopetala) und Behaarte Alpenrose (Rhododendrum hirsutum) hier extrem weit herabsteigen (bis etwa 500 m). Zahlreich vertreten sind Liliengewächse, dazu kommen mehrere Orchideen wie etwa der Violette Dingel (Limodorum abortivum) und mehrere Ragwurzarten (Ophyris). Auch die Fauna kann sich sehen lassen; Smaragdeidechsen (Lacerta viridis) sind am Fennberg ebenso heimisch wie die Gottesanbeterin (Mantis religiosa). Günstige Lebensbedingungen finden in den sonnigen Steilhängen auch Schlangen wie die Aspisviper (Vipera aspis)

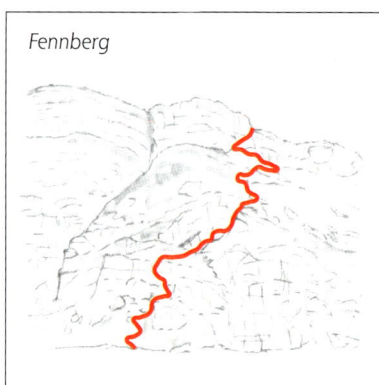
Fennberg

und die ungiftige Aeskulapnatter, deren lateinischer Name (Elaphe longissima) deutlich macht, wodurch sie sich besonders auszeichnet: durch ihre Länge (bis 2 m).

➜ **Anfahrt** Im Südtiroler Unterland nach Margreid an der Weinstraße (243 m), dann weiter Richtung Roverè della Luna. Gut drei Kilometer hinter

Tipp

Es soll ja auch Genießer unter den Klettersteiglern geben, die hartes Brot, ein Stück Speck und einen Schluck aus der Wasserflasche nicht für einen kulinarisch-lukullischen Höhenflug halten, vergleichbar dem Erlebniswert auf schwindelnden Abgrundpfaden. Wer sich auch gerne auf gastronomische Höhen entführen lässt, ist bei der Familie Pomella im **Turmhotel Schwarz Adler** in Kurtatsch genau richtig (Tel. 0471/88 06 00, Fax 88 06 01).

2

dem Ort markiert eine Wegtafel den Beginn des Klettersteigs. Beschränkte Parkmöglichkeit.

Steile Passage im unteren Abschnitt des Fennberg-Klettersteigs.

2

↑ Fennberg-Klettersteig

Auf schmalem Weglein, teilweise im Wald, über den steilen Wandvorbau (Drahtseil) zum Einstiegskamin: gut zehn Meter hoch und senkrecht, aber gut gesichert (Schlüsselstelle). Drahtseile, Eisenbügel und drei Leitern sichern auch den weiteren Anstieg, der packende Tiefblicke ins Etschtal bietet. Durch eine steile Rinne (Drahtseile) gelangt man schließlich auf die mächtige, bewachsene Rampe in der Wandmitte. Hier wird der Klettersteig zum (aussichtsreichen) Wanderpfad; in der oberen Felszone folgen dann nochmals einige gesicherte Passagen. Ein breites Band leitet nach links; mit Drahtseilsicherung steigt man dann auf unter einen mächtigen Überhang (Routenbuch). Nun rechts aufs »Dach« des Fennbergs (ca. 1120 m) und im Wald zum Plattenhof in Unterfennberg (1047 m), *3 Std.*

↘ **Abstieg** Der Abstieg ist die Krux des »Fennberg-Klettersteigs«, gibt es doch keine ideale Route. Die beiden markierten Wege durch die Fenner Schlucht bzw. das Höllental enden weitab vom Einstieg. Unvermeidlich deshalb ein längerer Straßenhatscher – oder Daumen raus und freundlich gucken ...

Fehlt da nicht ein Kopf-schutz?

2

*Fertigmachen
zum Einstieg!*

Der mit »3« bezeichnete Margreider Steig führt vom Plattenhof zunächst flach zu den Häusern von Putzwald (1058 m), dann in nördlicher Richtung am Abbruch des Fennbergs hinunter in die Fenner Schlucht, wo man auf eine Forstpiste stößt. Sie führt aus der Klamm heraus und in einer weiten Schleife, zuletzt zwischen Weinpergeln, abwärts nach Margreid an der Weinstraße (243 m). Südseitiger Abstieg: zunächst auf der Straße westwärts, vorbei am kleinen Fenner See und an der Leonhardskirche bis zum Anwesen Tratt (1002 m). Hier auf Weg 502 steil bergab ins romantische Höllental. Drunten am Bach zu dem breiten Fahrweg, der von Roverè della Luna (241 m) heraufkommt. Hinunter ins Etschtal und – Sie wissen schon ...

3 Via attrezzata Rio Secco

Dosson, 625 m
Gar nicht so trocken, der »trockene Bach«

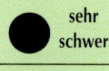

sehr schwer

2½ Std.

400 m

Routencharakter: Klammroute, fast ausschließlich mit Fixseilen gesichert. Ziemlich anstrengend, mehrere senkrechte, trittarme Passagen: Bizeps!
Ausgangspunkt: Cadino (214 m), 6 km südlich von Salurn an der Brennerstraße.
Gehzeiten: Gesamt 2 ½ Std.; Zustieg und Ferrata 1 ¾ Std., Abstieg ¾ Std.
Highlights: Das Wasser! Aber Vorsicht: Nach starken Regenfällen kanns auch gefährlich werden.
Einkehr: keine.
Fototipps: Tolle Motive in der Schlucht, gutes Licht am Nachmittag.

Ein breites Asphaltband, ein (die meiste Zeit geschlossenes) Gasthaus, ein großer Parkplatz, Apfelplantagen dahinter, gegenüber ein dicht bewachsener Steilhang, aus dem ein paar mickrige Felsen hervorschauen: nicht unbedingt das Ambiente für einen richtigen Klettersteig. Aber keine Bange, sie ist bloß gut versteckt, die »Via attrezzata Rio Secco«: kein Schild an der Strada Statale und auch kein Hinweis darauf, dass »sec« mitunter gar nicht stimmt. In doppelter Hinsicht, denn beim kräfteraubenden Gang durch die romantische Klamm fließt fast immer Wasser. Weniger Geübten treibt die ziemlich verwegene Routenführung leicht den Angstschweiß auf die Stirn, im Sommer ist man bereits am Einstieg gut durchgeschwitzt. Und nasse Füßen gibt es möglicherweise auch noch, ein paar Spritzer bekommt man am »trockenen Bach« auf jeden Fall ab. Doch das ist ja der Clou dieser Ferrata; ganz ohne Nass, wenn der Rio wirklich »secco« ist, macht das Ganze höchstens halb so viel Spaß, garantiert!

→ **Anfahrt** Von Salurn (226 m) auf der Brennerstraße durch die Salurner Klause und über die Provinzgrenze nach Cadino (214 m). Großer Parkplatz.

↑ **Via attrezzata Rio Secco**

Gegenüber dem Parkplatz, neben der kleinen Kapelle von Cadino, skizziert eine Tafel der SAT-Sektion San Michele all'Adige den Verlauf der Ferrata. Etwa eine Viertelstunde später steht man am Einstieg; freundlicherweise haben die Steigbauer hier eine Bank aufgestellt, was das Anseilen bequemer macht. Noch ein Schluck aus der Flasche – und los! Das erste Drahtseil leitet hinab in den Klammgrund, dann geht es gleich richtig zur Sache: im Salto dei Caprioi erst senkrecht und fast trittlos (Bizeps!) auf-

Rechts: Steiler Klettersteigspaß: am Rio Secco.

Nicht immer trocken: die Ferrata Rio Secco.

wärts, dann schräg an Fixseilen in die romantische Klamm. Man quert die Schluchtseite nach rechts, dann folgt ein eher gemütliches Interemezzo, ehe die Route wieder in die Vertikale übergeht. Ab und zu bieten sich »Schießschartenblicke« hinaus ins sonnige Etschtal. Wer bereits genug hat, kann oberhalb der Passagio dei Gabbiani nach links aussteigen (Hinweis: »Rientro d'emergenza«). Zwei Steilaufschwünge, sparsam gesichert, führen in der Klamm zur Grotta della Mariota, wo man sich ins Routenbuch eintragen kann. Aufwärts mit kräftigem Armzug, dann um ein felsiges Eck herum zum Laghetto (Vorsicht: nasse Füße!) und zu einer weiteren Grotte. Man entsteigt ihr am straff gespannten Drahtseil über eine senkrechte Platte, 1 3/4 Std. – geschafft!

↘ **Abstieg** Neben einem friedlich gurgelnden Bächlein, vorbei an den »ometti« (Steinmännchen), im Wald zu einer Weggabelung, an der man sich links hält (»Rientro attrezzato«). Die deutliche Spur führt über den steilen, felsdurchsetzten Hang zurück nach Cadino, mit ein paar Drahtseilen gesichert. An einer Steilstufe steht – wie rücksichtsvoll! – sogar eine Leiter.

Sentiero attrezzato Burrone-Giovanelli

Monte, 891 m
Naturspektakel hoch über Mezzocorona

4

Routencharakter: Landschaftlich einmalige, wenig schwierige Route; Zustieg über zwei lange, nahezu senkrechte Leitern.
Ausgangspunkt: Picknickplatz an der Mündung des Meriabachs.
Gehzeiten: Gesamt 4 1/4 Std.; Burrone-Steig 1 3/4 Std., Höhenwanderung nach Monte 1/2 Std., Abstieg nach Mezzocorona und Rückweg 2 Std.

Highlights: Der untere Klammabschnitt: einfach überwältigend! Es erwartet uns ein faszinierendes Naturschauspiel.
Einkehr: Im Monte gibt es zwei Gasthöfe.
Fototipps: Leitern am Zustieg, Klammmündung und Schleierfall in der Schluchtmitte. Seilbähnchen mit Tiefblick.

 leicht

 4 1/4 Std.

 670 m

Vor dem – fantastischen – Gang durch die Burrone-Schlucht sollte man einen Abstecher nach Mezzolombardo machen, am Ortsausgang Richtung Nonstal kurz anhalten und hinübergucken zu der Klamm. Das macht dann so richtig heiß auf den Steig, denn eigentlich kann man sich überhaupt nicht vorstellen, dass durch diesen unglaublich schmalen, senkrecht nach oben laufenden Spalt ein Weg führt – und ein wenig schwieriger noch dazu. Stimmt aber, und bald ein Jahrhundert alt ist er auch schon, der »Sentiero Burrone-Giovanelli«, 1906 auf Initiative des Arztes Dr. Tullio Giovanelli angelegt. In jüngerer Zeit erhielt er dann noch einen recht spektakulären neuen Zustieg mit zwei langen und einer kurzen Leiter.

Für den Abstieg hat man die Wahl zwischen zwei Wegen: westlich auf einem teilweise unangenehm steilen Schottersträßchen (wenig lohnend) oder über Monte (891 m). Der etwas weitere Weg über das Terrassendörfchen lohnt sich allemal, denn beim anschließenden Abstieg auf der alten, kunstvoll angelegten Mulattiera genießt man stimmungsvolle Tief- und Ausblicke, hinab zur Etsch und talauswärts bis zum Bondone, der seinen stachelbewehrten Nordgipfel (Palòn, 2090 m) weit in den Himmel reckt.

➜ **Anfahrt** Von der Brenner-Autobahn, Ausfahrt »San Michele-Mezzocorona« nach

Tipp

Wer auf dem Weg von Mezzocorona zurück zum Ausgangspunkt der Runde hinauf schaut zu den Felsen, entdeckt unter gewaltigen Überhängen ein paar Mauerreste: die Ruine des **Castello di San Gottardo**. Bereits in der Bronzezeit diente der Platz als Fluchtburg, im Spätmittelalter kam er in den Besitz der Eppaner, und bis ins 18. Jahrhundert hausten Eremiten in dem (halbverfallenen) Felsennest. Man kann übrigens hinaufsteigen zur Burg; der (nicht markierte) Weg mündet zum Schluss in die üble Steilrinne, durch die man sich – nach Wurzeln und Geäst angelnd – emporarbeitet.

4

Mezzocorona (219 m), durch den Ort und Richtung Mezzolombardo bis kurz vor die Brücke über den Noce. Hier rechts (kleiner Wegzeiger »Burrone«) und auf schmaler Asphaltstraße zum Picknickplatz am Bergfuß. Parkmöglichkeit.

↑ **Sentiero attrezzato Burrone-Giovanelli**

Der Zugang zum Burrone verläuft über einen steilen, teilweise bewachsenen Felsvorbau. Bereits wenig oberhalb des Picknickplatzes gabelt sich der Weg. Klettersteigler gehen nach links (Hinweis: »difficile«). Die Spur führt über den Bach, dann hinauf zu einem ehemaligen Waal und um ein felsiges Eck herum zum untersten Wasserfall. Übers Wasser nach rechts und sehr luftig mittels zweier langer und einer kurzen Eisenleiter zum alten Zickzackweg. Etwa 200 Meter über dem flachen Talboden betritt man die Klamm – ein Übergang, wie man ihn sich krasser kaum vorstellen kann: aus dem trocken-steinigen Sonnenhang hinein

Im Berg unterwegs: am Burrone-Steig.

ins kühle Halbdunkel einer vom Rauschen und Tosen des Wassers erfüllten Unterwelt. Zunächst einmal heißt es »Kopf einziehen!«, dann helfen Fixseile und drei Leitern über eine (oft feuchte) Steilstufe hinweg. Anschließend wandert man zwischen scheinbar himmelhohen Wänden, die nur wenig Licht hereinlassen, weiter »im Berg« aufwärts. Nach einigen Biegungen erweitert sich die Schlucht zu einem mächtigen Kessel, über dessen Rand ein prächtiger Schleierfall herab stiebt – vor allem am Nachmittag, wenn sich das Sonnenlicht in den Wassertropfen bricht, ein faszinierendes Naturschauspiel. Oberhalb des stimmungsvollen Platzes, der zur Rast einlädt, wird die Klamm allmäh-

lich zum Engtal; das Felsgrau weicht dem Grün einer dichten Vegetation, der Horizont weitet sich nach und nach. Noch sind ein paar Aufschwünge zu überwinden – einmal mit Hilfe einer langen Leiter –, dann steigt der Pfad im Wald hinauf zu der quer führenden Straße, *1 ³/₄ Std.*

Die Burrone-Schlucht bei Mezzocorona.

↘ **Abstieg** Vorbei an der Hütte von Manzi (858 m) auf dem Sträßchen angenehm schattig hinüber nach Monte (891 m). Wer hier ein bisschen zu tief ins Weinglas guckt, nimmt anschließend besser die Seilbahn für den Abstieg nach Mezzocorona; immerhin führt der alte, kunstvoll angelegte Serpentinenweg ein paar Mal ziemlich nahe ans Steilgelände heran (Seilgeländer). Sehr schön aus der Vogelschau die Dächerlandschaft des historischen Ortskerns, der sich eng an den Berg schmiegt.

5 Tuenno- und Terres-Waal

Val Tovel
Auf alten Waalwegen im untersten Toveltal

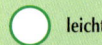 leicht

 5 Std.

 300 m

Routencharakter: Abschnittweise ausgesetzte Wege, am Tuenno-Waal mit solidem Seilgeländer, am Terres-Waal zwei exponierte, ungesicherte Passagen. Keine Wegmarkierungen; Kinder gehören ans kurze Seil! Tuenno-Waal zwar abgesperrt, was von Wanderern aber souverän ignoriert wird (Italien ...).
Ausgangspunkt: Ortsmitte von Tuenno (645 m).

Gehzeiten: Gesamt 5 Std.; Tuenno-Waal 2 $1/4$ Std., Terres-Waal 1 $3/4$ Std., Rückweg nach Tuenno 1 Std.
Highlights: Die Steilwandtraverse am Tuenno-Waal.
Einkehr: Rifugio Capriolo (810 m) an der Straße zum Tovelsee; etwa 10 Min. von der Waalrunde.
Fototipp: Tolle Motive sowohl am Tuenno- als auch am Terres-Waal, im Hintergrund die Brenta-Zinnen.

Waale kennt man hierzulande vor allem aus dem Vinschgau und der Meraner Gegend: künstlich angelegte Wasserläufe, die das kostbare Nass auf die Felder im Tal leiten. Manche sind heute noch in Betrieb, auch im schweizerischen Wallis (wo sie »Bisses« oder »Suonen« heißen), oder im Val di Non. Die meisten der teilweise extrem kühn trassierten Wasserwege in der Südtiroler Nachbarschaft verfallen leider, weil nicht mehr genutzt; auch jener Waal, der oberhalb von San Romedio eine überhängende (!) Felswand quert. Ganz so spektakulär sind die beiden Waale im unteren Toveltal nicht; die luftige Querung am Tuenno-Waal könnte bei ängstlichen Gemütern aber durchaus zu leichtem Nervenflattern führen – wenn da nicht das solide Seilgeländer wäre. So etwas fehlt drüben am Terres-Waal, über den man wieder talauswärts wandert, weitgehend – also Vorsicht!

→ **Anfahrt** Tuenno (645 m) liegt im Nonstal, unmittelbar am Eingang zum Val di Tovel. Gute Straßenverbindungen mit Mezzolombardo und Cles, dem Hauptort der Talschaft.

↗ **Zugang** Von der Ortsmitte über betonierte Pisten steil zwischen den Obstkulturen bergan zu einer quer führenden Straße (ca.

Tipp

Die wilden Schluchten rund um Fondo (988 m) kann man auf dem »**Sentiero Mondino**« besuchen – eine abwechslungsreiche Runde, die starke Eindrücke vermittelt. Der Aufstieg vom Novella-Bach nach Dovena (1012 m) verläuft über eine schräg ansteigende Felsrampe und ist gesichert. In Fondo dem Wegzeiger »Orrido« folgend in einen weiteren Canyon und über Eisenstiegen hinauf zum Lago Smeraldo (1001 m), der im Norden des Haufendorfs liegt und sich auch gut als Ausgangspunkt der 3 1/2-stündigen Runde anbietet (Parkplatz, Gasthaus).

770 m). Hier nach links zum Beginn des Tuenno-Waals (Gitter, Verbotsschild). Keine weiteren Markierungen oder Hinweise.

↑ Tuenno-Waal

Der Waalweg, überall ausreichend breit, führt zuerst in einen romantischen Winkel unter dem Crozo Sasso Rosso (1037 m). Links in der Tiefe zeigt sich das Kirchlein Sant'Emerenziana; gut auszumachen ist auch der weitere Verlauf des Waals quer durch eine riesige, jäh abfallende Felsflucht – ein luftiger Gang hoch über der Tresenica! Im zementierten Kanal gluckert das Wasser, an einer Stelle stiebt sogar ein Wasserfall über den Wanderer hinweg, mehrfach werden winzige Bäche in den Waal geleitet. In schwindelnder Tiefe läuft die Tresenica, über dem Talinnern stehen die Dolomitzinnen der Brenta (Pietra Grande, 2937 m). Ein kurzer Tunnel führt schließlich in flacheres Gelände, man passiert eine Endmoräne des eiszeitlichen Tovelgletschers und steigt dann über einen breiten Pfad hinunter zur Talstraße, *1 ¹/₂ Std.*

Am Terres-Waal, Blick auf die Trasse des Tuenno-Waals.

↑ Terres-Waal

Auf dieser (asphaltierten) Straße etwa fünf Minuten talauswärts bis zu einer Hausruine links. Bei einem Picknickplatz (732 m) über den Bach und auf undeutlicher Spur flach zum Beginn des Terres-Waals. Er verläuft etwas tiefer als der von Tuenno und ist nicht mehr in Betrieb. Längere Passagen sind ebenfalls aus dem Steilfels geschlagen (Tunnels), aber nur teilweise auch gesichert. Unter dem Corno (877 m) kommt man aus dem Toveltal heraus; Wasserlauf und Weg führen auf die Obstanger oberhalb von Terres (598 m), *1 ³/₄ Std.*

↘ Abstieg

Wenige Meter hinter einem bizarren eisernen Aquädukt (der locker als moderne Plastik durchgehen würde) kurz abwärts zu einer Verzweigung: rechts auf der Straße nach Terres (das Busverbindung mit Tuenno hat), links führt eine vergammelte Piste (Hinweis »Tresna«) ein Stück weit bergab, ehe sie nach zwei Kehren im Wald ausläuft. Ganz in der Nähe (suchen!) stößt man auf einen alten Ziehweg, der hinunterführt zur großen Straßenbrücke über die Tresenica. Jenseits des Bachs, die weite Schleife der Straße abkürzend, durch Apfelhaine aufwärts und zuletzt auf einer asphaltierten Straße hinein nach Tuenno.

Noch ein Waal im Nonstal, leider dem Verfall preisgegeben (San Romedio).

Vom Tuenno-Waal aus hat man Aussicht auf Brentagipfel.

6 Sentiero Clemente Chiesa

Val Scura; Monteróvere, 1255 m
Ein Ausflug in die Erdgeschichte

 leicht

 4 Std.

 750 m

Routencharakter: Mehr anspruchs-volle Wanderung als echter Kletter-steig, vor allem der romantischen Ku-lisse wegen lohnend. Auch mit Kin-dern ab zehn Jahren gut möglich, evtl. mit Sicherung (kurzes Seil).
Ausgangspunkt: An der ersten Kehre der ehemaligen »Kaiserjägerstraße«, gut 2 km südlich von Lévico Terme

Highlights: Die Kulisse – Karl May lässt grüßen!
Gehzeiten: Gesamt 4 Std.; »Sentiero Chiesa« 2 ¹/₂ Std., Abstieg 1 ¹/₂ Std.
Einkehr: Albergo Monteróvere (1255 m), ganzjährig bewirtschaftet, lokale Küche.
Fototipp: Wasserkaskaden, bizarre Felsen im Val Scura.

Wer nicht weiß, wo es liegt, das »düstere Tal« (Val Scura), wird den engen Einschnitt südlich von Lévico Terme leicht übersehen – zu viel gibt es auf der Fahrt von Trento ins Val Sugana zu sehen.

Erdgeschichte zum Anfas-sen: im Val Scura.

Da ist natürlich der Caldonazzo-See, eingebettet in Wald- und Wiesengrün, dann die Berge rundum, vor allem die Cima della Vezzana (1908 m) mit ihrem einst befestigten Burgfelsen.

Nur ein paar Kilometer sind es von Monteróvere bis zum Dörfchen **Lusern** (1333 m), einer alten deutschen Enklave in aussichtsreicher Lage über dem tief eingeschnittenen Val d'Astico, 1216 erstmals urkundlich erwähnt. Der Ort wurde im Ersten Weltkrieg völlig zerstört, später wieder aufgebaut. Heute hört man gelegentlich die alte Muttersprache der Einheimischen, das Zimbrische, wieder, und ein Schild grüßt die Besucher: »Bolkent in Lånt von Zimbarn – willkommen im Land der Zimbern.«

Auf dem Geländerücken östlich über dem Dorf liegen die Ruinen des 1911-14 erbauten Panzerwerkes Lusern.

Schade. Denn das Val Scura, mehr Schlucht als Tal, ist ein echtes Highlight der Gegend. Vom Wasser in Jahrtausenden geschaffen, liefert es heute als geologischer Aufschluss ein packendes Bild vom Werden und Vergehen der Berge – Geologie, Erdgeschichte zum Anfassen. Auch bei Kindern kommt da keinerlei Langeweile auf, hundert bunte Steine im Bachbett, am Geröllhang müssen aufgehoben, betrachtet werden. Grotesk verformte Gesteinsschichten belegen, was für Schubkräfte bei der Entstehung der Alpen wirksam waren; bizarre Sägezahnprofile, Felsausbrüche jüngeren Datums und mächtige Schuttkegel machen den unaufhaltsam voranschreitenden Abbau des Gebirges deutlich. Manche der skurrilen Felsen erinnern entfernt an menschliche Gestalten, und so verwundert es kaum, dass man früher munkelte, es handle sich dabei um versteinerte Hexen.

→ **Anfahrt** Lévico Terme (505 m) liegt an der Strecke Trento – Val Sugana. Von der Ortsmitte, Bahnlinie und Schnellstraße (Ausfahrt) kreuzend, südwärts zur Mündung des Val Scura. Parkmöglichkeit an der Straße.

↑ **Sentiero Clemente Chiesa**

An der Rechtskurve (542 m) mit der rot-weißen Markierung »223« geradeaus ins Val Scura, zunächst auf einer Forstpiste, dann auf schmalem Weglein, das mehrfach die Bachseite wechselt. Zur Linken baut sich der Monte Pegolara (1199 m) über seiner von Erosion gezeichneten Steilflanke auf, im Talinnern taucht bald ein Felszacken auf, der den Weiterweg zu versperren scheint. In steilem Anstieg (Sicherungen) gewinnt man den Mini-Sattel im Rücken dieses »Talwächters«; von einer nur wenig höher gelegenen Aussichtskanzel (ca. 1080 m) wird auch der Blick in die obere Kammer der wildromantischen Schlucht frei (schöner Rastplatz; Steigbuch). Nach kurzem Zwischenabstieg

Der Monte Grappa (1775 m) liegt ja nicht unbedingt im Ausflugsbereich von Trento, doch für einen richtigen Klettersteig-Freak ist kein Weg zu weit. Denn an der Südflanke des mächtigen Bergstocks, der im Ersten Weltkrieg hart umkämpft war, gibt es eine interessante Ferrata: den **»Percorso attrezzato Sass Brusai«**. Gag der Route, die auf den Monte Boccaòr (1532 m) mündet, ist eine Dreiseilbrücke, meines Wissens die erste (aber längst nicht mehr einzige) im gesamten Alpenraum! Zufahrt von Bassano del Grappa via Crespano del Grappa nach San Liberale (589 m); Gesamtgehzeit etwa 5 ½ Std.; schwierig.

(Drahtseil) passiert man eine wackelige Holzbrücke; gleich anschließend hilft eine Eisenleiter über einen Aufschwung hinweg. Grandiosbeklemmend die Szenerie: ringsum aufgetürmtes, buntes Gestein, bizarre Felszacken, viel Geröll. Der weitere Anstieg in diesem ziemlich »beweglichen« Terrain gestaltet sich zwar etwas mühsam, da und dort ist die Trasse abgerutscht, doch echte Schwierigkeiten bietet die Route keine. Schließlich quert der »Sentiero Chiesa« unter einem stiebenden Wasserfall nach links auf ein Geröllband (Drahtseil), dann geht es steil hinauf zum Rand des Abbruchs (ca. 1200 m). Im Wald flach taleinwärts, über den Rio Bianco und – vorbei an einem Sägewerk – hinauf zur Straße und zum Albergo Monteróvere (1255 m), *2 ½ Std.*

↘ **Abstieg** Dieser folgt im wesentlichen der ehemaligen »Kaiserjägerstraße«, wobei sich die weiten Schleifen der Straße abkürzen lassen, Markierung »202«.

Bitte recht freundlich gucken! Auf der Hängebrücke am Sass Brusai.

Rechts: etwas wackelig, die betagte Konstruktion.

7 Sentiero Giordano Bertotti

Croce del Chegùl, 1244 m – La Marzola, 1738 m
Auf den »Rigi des Trentino«

Croce del Chegùl

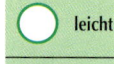
leicht

2¾ Std.

510 m

La Marzola

leicht

5½ Std.

900 m

Routencharakter: Leichter gesicherter Steig, lohnend vor allem in Verbindung mit einer Besteigung der Marzola, wodurch eine lange Tour für ausdauernde Geher zustande kommt.
Ausgangspunkt: An der Straße vom Passo Cimirlo zum Rifugio Maranza.
Gehzeiten: Gesamt 5 ½ Std.; »Sentiero Bertotti« – Chegùl 1 ¼ Std., Anstieg zur Marzola 2 Std., Abstieg zum Rif. Maranza 1 ¼ Std., Rückweg 1 Std.
Highlights: Lange Leiter, Tiefblicke auf Trento, Panorama.
Einkehr: Rifugio Maranza (1103 m), ganzjährig bewirtschaftet.
Fototipp: Bei klarer Sicht schöner Blick über das Etschtal auf die Brentazinnen.

Dass Trento, Provinzhauptstadt mit gut 100 000 Einwohnern, bei der Umfrage nach der lebenswertesten Stadt Italiens schon einmal auf Platz eins landete, hat – wenn auch eher am Rand – mit seiner schönen Lage im Etschtal zu tun. Das tägliche Verkehrsgewusel wird Besucher mit einem »D« am Autoheck eher abschrecken, aber das gehört nun mal zur Lebensweise jenseits der Alpen; entschieden einladender wirken die Gipfel rundum. Calisio, Marzola, Vigolana, Bondone heißen die vier Bergstöcke, die sich um die Stadt gruppieren: grün und etwas schmächtig der Monte Calisio (1096 m) im Nordosten, schon einiges höher die Marzola (1738 m). Ihrer freistehenden Lage wegen wird sie mitunter als »Rigi des Trentino« bezeichnet, nicht ganz zu Unrecht, bietet der Gipfel doch eine stimmungsvolle, weite Rundschau, dazu schöne Tiefblicke auf Trento, ins Val Sugana und auf den Lago di Caldonazzo.

Die Marzola ist fast so hoch wie der Schweizer Rigi, da fehlen nur gut fünfzig Meter. Bergbahnen gibts hier allerdings keine; wer hinauf will, muss also zu Fuß gehen. Am schönsten ist eine Überschreitung des Bergstocks, und für den Aufstieg bietet sich dann der »Sentiero attrezzato Giovanni Bertotti« an: kein richtiger Klettersteig, aber ein hübsches Weglein mit ein paar Sicherungen. Wer nur aufs Eisen aus ist, kann hinter dem Croce del Chegùl (1244 m) gleich wieder talwärts abbiegen, bei schönem Wetter sollte man die Tour aber gipfelwärts fortsetzen – zur großen Aussicht.

→ **Anfahrt** Für Ortsunkundige nicht ganz leicht zu finden! Vom Stadtzentrum zunächst Richtung Pèrgine – Val Sugana, dann

Am Chegùl, hoch über dem Tal der Etsch.

rechts hinauf nach Pantè und Sprè, zwei Ortschaften in schöner Hanglage östlich über Trento, weiter auf kurvenreicher und schmaler Asphaltstraße in den Passo Cimirlo (733 m). Wer nur bis zum Croce del Chegùl will, stellt hier sein Fahrzeug ab. Bei einer Überschreitung des Marzola-Stocks: knapp 2 km weiter bis zu einer Parknische an dem Schottersträßchen (ca. 850 m).

↑ Sentiero Bertotti
Kurz auf der Straße weiter, vorbei am ersten Abzweig, beim zweiten mit der Nummer 418 links. Das Weglein schlängelt sich durchs Unterholz bergan, es führt über kleine Felsstufen und peilt dann einen schmalen Grat an. Durch eine steile Rinne aufwärts zu einer Felswand (Drahtseil). Hier links und über eine lange Leiter auf den abgeflachten Rücken des Chegùl. Auf solider Brücke über einen tiefen Felsspalt, dann in leichtem Auf und Ab zum

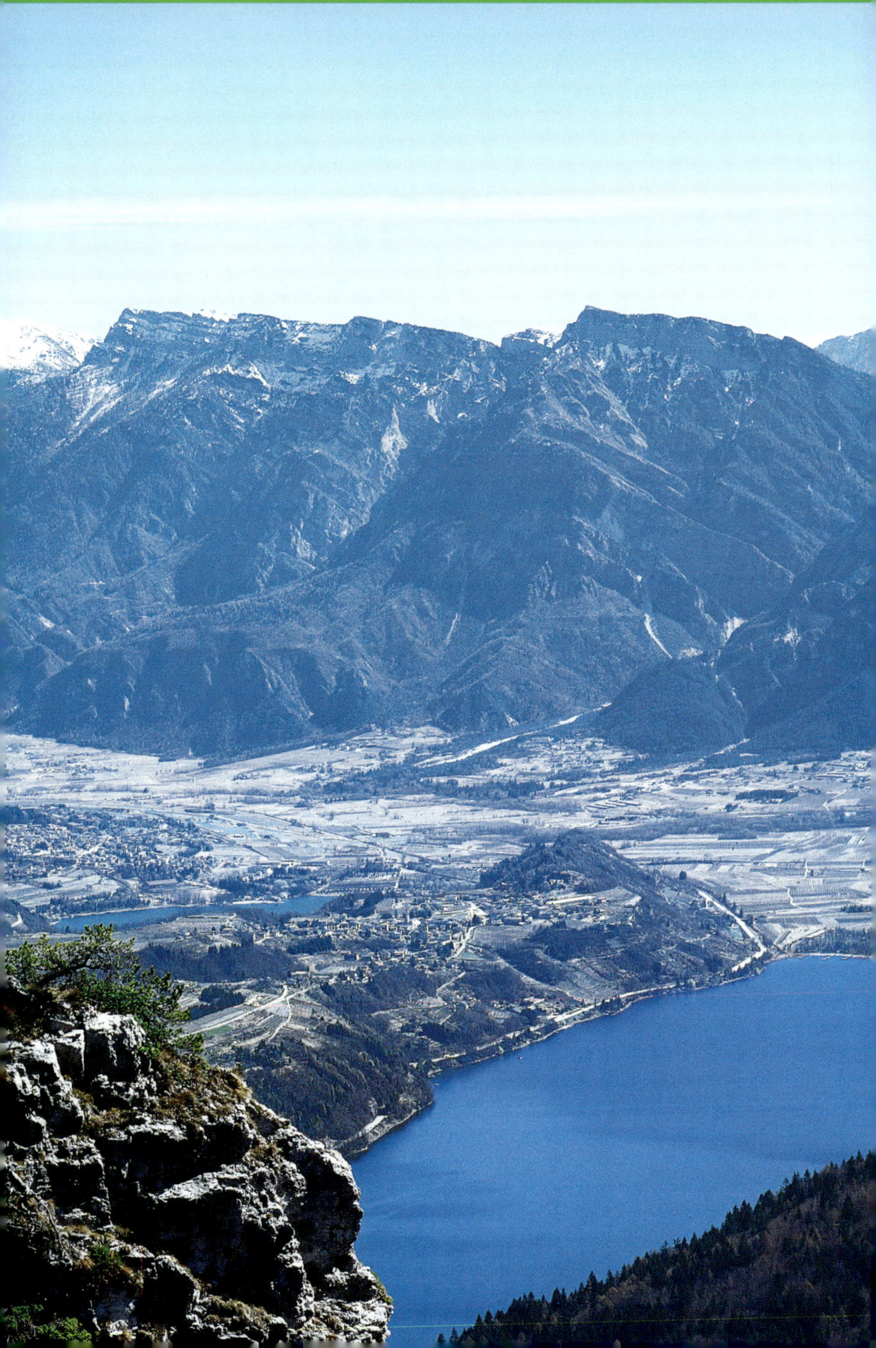

Spiazzo de le Patate (1332 m), wo man auf den vom Passo Cimirlo heraufkommenden Weg, Markierung »411«, stößt, *1 ¹/₄ Std.*

↗ La Marzola

Rechts im Wald aufwärts, vorbei an ein paar Felskavernen aus dem Ersten Weltkrieg, die zu originellen Wochenendhütten umgebaut worden sind, dann für ein paar hundert Meter auf einer Sandstraße. Der Doss dei Corvi (1474 m) wird rechts umgangen; gleich dahinter bietet sich ein toller Tiefblick auf den Lago di Caldonazzo. Weiter auf einer Mulattiera rechts des Kamms bergan, unter dem Nordgipfel (1738 m; Abstecher, 10 Min.) hindurch zum kreuzgeschmückten Südgipfel (1735 m) mit großem Panorama und hinauf.

↘ Abstieg Zunächst südlich über schrofendurchsetzte Wiesenhänge abwärts, dann rechts steil hinunter in den Wald zum Bivacco Bailoni (1560 m). Weiter schattig über die Westflanke der Marzola, zuletzt auf einem Fahrweg, bergab zum Rifugio Maranza (1103 m), dann auf der Schotterstraße zurück zum Ausgangspunkt der Runde.

Links: Tiefblick vom Weg zur Marzola auf den Lago di Caldonazzo. Unten: die Felsen des Chegùl.

8 Sentiero attrezzato Pero Degasperi

Palòn-Nordgrat, 1950 m
Tour der Gegensätze hoch über Trento

 schwer

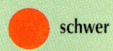 4 Std.

 600 m

Routencharakter: Recht anspruchsvoller Klettersteig mit langem (landschaftlich sehr reizvollem) Zustieg. Im Frühling/Frühsommer in den Steilrinnen oft gefährlich harter Altschnee!
Ausgangspunkt: Baita Montesel (1475 m) an der Bondonestraße, 18 km von Trento.

Gehzeiten: Gesamt 4 Std.; Zustieg 1 ¾ Std., »Sentiero Degasperi« 1 ½ Std., Abstieg ¾ Std.
Highlights: Im Frühsommer Blumenpracht am Zustieg, schöne Kletterstellen.
Einkehr: Keine.
Fototipp: Tiefblicke von der Ferrata auf Trento, gutes Licht am Vormittag.

Kleiner Berg vor großer Kulisse: der Palòn und die Brentazinnen.

Der Bondone ist ein Berg mit mehreren Gesichtern: einem sanftgrünen, einem romantischen – und einem häßlichen. Das schaut nach Norden, ist stark verbaut und im Winter ein beliebtes Skirevier. Dann surren die Lifte, und auf den Pisten herrscht ein ziemliches Gewusel, alle Parkplätze sind voll: der Bondone als Vorort von Trento. Ganz anders die Ostflanke, felsig, steil in den wilden Graben des Valle delle Gole abfallend. Da schaut man hinab ins Etschtal, auf Fabrikdächer und Straßenasphalt, weniger als fünf Kilometer weit – was für Kontraste!

Davon lebt der »Degasperi«: Zunächst führt er in einsame, ur-
tümliche Bergwinkel, fast ein Naturlehrpfad (vor allem im Frühsommer, wenn alles blüht), dann wandelt er sich zur rassigen Ferrata, und zuletzt wird man sich beim Abstieg übers Pistengelände

Die Felsflan-
ke des Palòn.

so seine Gedanken machen über das
Verhältnis zwischen dem Homo ludens
und der Natur. Er hat halt mehr als ein
Gesicht, der Bondone...

➜ **Anfahrt** Bei der Ausfahrt »Trento
Centrale« von der Autobahn, dann
Richtung Lago di Garda und nach zwei
Kilometern links auf die Bondone-
Straße. Über Sardagna (573 m), Cand-
riai und Vaneze (1301 m) bis zur Baita
Montesel (1475 m). Großer Parkplatz.

↗ **Zustieg** Auf breiter Spur leicht aufwärts zu dem Wiesensattel (ca. 1525 m)

Palòn

im Rücken des Monte Vason (1581 m), dann rechts in die steilen, von zahlreichen Gräben und Rinnen durchzogenen Ostabstürze des Montesel (1729 m). Das Weglein quert sie, an einigen Stellen mit Sicherungen versehen, zunächst fast horizontal, dann allmählich an Höhe verlierend. Unter der mächtigen Wand des Cornetto di Mugon (1931 m) über einige Serpentinen hinauf zum Einstieg (Tafel).

↑ **Sentiero attrezzato Pero Degasperi**

Drahtseile leiten steil auf ein Felsband, das, teilweise überdacht, nach links zu einem kleinen Latschensattel führt. Hier bietet sich ein stimmungsvoller Tiefblick ins

Am »Degasperi-Steig«. Etschtal; gleichzeitig ist auch der Verlauf der Ferrata gut zu überblicken, die einem wenig ausgeprägten Pfeiler folgt. Zunächst recht harmlos über gestufte, teilweise mit Krummholz bewachsene Felsen ansteigend, gewinnt sie nach und nach an Steilheit. Erfahrene genießen die Kletterei am Fixseil, weniger Geübte geraten hier leicht in Versuchung, zu viel Armzug einzusetzen. Durch eine trittarme Verschneidung arbeitet man sich hinauf zu einem kleinen Überhang. Das straff gespannte Seil weist vertikal nach oben, garantiert sicheren Halt, bietet aber auch die einzige Möglichkeit, über den Felswulst hinwegzukommen. An diese Schlüsselstelle schließt eine weitere, sehr steile Verschneidung an, dann quert man nach rechts zu einem Leiterchen – geschafft!

Der Weiterweg, obwohl teilweise noch gesichert, bietet keine vergleichbaren Schwierigkeiten mehr. Unter einem Felsen entdeckt man das »Libro della via«, und wenig später ist der Grat gewonnen (ca. 1950 m). Den Abstecher zum Riesenstachel am Palòn (2090 m) kann man sich getrost schenken – der Blick hinüber zu den Brentazinnen ist vom Gipfel aus auch nicht schöner, *1 ½ Std.*

↘ **Abstieg** Nordwärts über die Skipisten bzw. einen alten Militärweg hinunter zur Baita Montesel.

Im Tal der Etsch: Trento.

9

Via attrezzata Giulio Segata

Dos d'Abramo, 2140 m
Eine stark »zugige« Angelegenheit

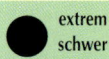

● extrem schwer

4¹/₄ Std.

630 m

Routencharakter: Reiner Kraftakt am straff gespannten Drahtseil, insgesamt etwa 100 (senkrechte) Höhenmeter, nach den ersten 20 Metern Horizontalband (und Rückzugsmöglichkeit). In der Schwierigkeit mit der »Via Pisetta« vergleichbar, bloß viel kürzer.
Ausgangspunkt: Parkplatz (ca. 1540 m) am Eingang ins Val del Merlo.
Gehzeiten: Gesamt 4 ¹/₄ Std.; Val del

Merlo – Cima Verde – Einstieg 2 ¹/₄ Std., »Via Segata« ¹/₂ Std., Abstieg 1 ¹/₂ Std.
Highlights: Im Frühsommer die Blumenpracht, die beiden Felslöcher an der »Segata«.
Einkehr: Rifugio Viote (1540 m).
Fototipp: Gutes Licht hat man an der »Via Segata« nur am Vormittag. Evtl. Blitz verwenden.

Im Gegensatz zum Palòn, dessen Nordflanke dem Skizirkus geopfert wurde, blieben die Tre Cime del Bondone von allzu gravierenden touristischen Eingriffen verschont. Das zwischen Cornetto (2180 m), Dos d'Abramo (2140 m) und Cima Verde (2102 m) eingebettete Hochtal (Val Mana) steht sogar unter Naturschutz; überhaupt ist die Gegend ungewöhnlich reich an erdgeschichtlichen und archäologischen Spuren. Findlinge, vor Jahrtausenden hier abgelagert, belegen eindrucksvoll die Mächtigkeit des eiszeitlichen Etschgletschers; verschiedene Funde weisen auf die Anwesenheit neolithischer Jäger und Sammler hin. Ein Dorado für jeden Blumenfreund ist die Schutzzone Val Mana; hier entdeckt man nicht nur zahlreiche Kostbarkeiten der Alpenflora

Hau ruck: in der großen Verschneidung der »Via Segata«.

wie Pfingstrosen (Paeonia officinalis), Steinbrecharten (Saxifraga), Schweizer Mannsschild (Androsace helvetica), Schopfige Teufelskralle (Physoplexis comosa) und Türkenbund (Lilium margaton), sondern auch einige endemische Pflanzen, u.a. aus der Familie der Ehrenpreise (Veronica).

Geschafft!
Am Ausstieg
der »Via
Segata«.

Ein Biotop für sich ist das etwa zwanzig Hektar große Hochmoor am Eingang ins Manatal, und im Alpenblumengarten von Viote kann man sogar außereuropäische Gebirgsblumen bewundern.

All dies mag dem Klettersteigler, der die zwar kurze, aber extrem schwierige »Via Segata« begehen möchte, den Blick auf weitere interessante Aspekte des Bergsteigens öffnen. Wer nur aufs Drahtseil guckt, degradiert die Alpen zum Sportgerät und bringt sich um die schönsten Erlebnisse!

➜ **Anfahrt** Das Hochplateau von Viote erreicht man über die »Bondone-Höhenstraße«, 26 km von Trento, 20 km von Lasino bis zur Straßenkreuzung (1560 m) unweit des Rifugio Viote. Hier knapp einen Kilometer Richtung Garniga, dann rechts auf einem

9

Sandsträßchen zum Parkplatz am Eingang ins Val del Merlo (ca. 1540 m).

↗ **Zustieg** Auf dem Weg »636« aufwärts gegen das Val Mana, dann am Nordrücken der Cima Verde (2102) bergan und zwischen Latschen zum Gipfel. Am Grat mit leichtem Höhenverlust hinüber zum Dos d'Abramo (2140 m), wo der »Sentiero Coraza« (⇨ Tour 10) mündet (Wegzeiger). Kurz abwärts und auf schmaler Spur am Felsfuß zum Einstieg auf der Südseite.

↑ **Via attrezzata Giulio Segata**

Die gesicherte Route ist zwar recht kurz, bietet aber trotzdem ein nachhaltiges (und kraftraubendes) Ferrata-Erlebnis. Spektakulär bereits der Auftakt, der senkrecht bis leicht überhängend am straff gespannten Drahtseil durch ein Felsloch führt. Über steile Felsen anstrengend auf ein komfortables Band. Kurz nach rechts

9

(Zwischenausstieg möglich) zum Ansatzpunkt einer vertikalen 40-Meter-Verschneidung, die auf eine winzige Terrasse mündet. Durch einen engen Schacht gewinnt man nach einer weiteren überhängenden Passage schließlich das ausgedehnte Gipfelplateau. Das große Eisenkreuz steht etwas abseits auf der Nordkuppe des Dos d'Abramo.

↘ **Abstieg** Auf guter Spur hinüber zum Südgipfel (2140 m) und im Zickzack abwärts zu einer Steilrinne, die mit Drahtseilen und ein paar Eisenbügeln entschärft ist. Hinunter zur namenlosen Scharte (2078 m) unter dem Cornetto. Rechts durch die schrofige Nordflanke des höchsten Bondone-Gipfels, dann mit viel Aussicht am Kamm abwärts gegen die Costa dei Cavai, Markierung 607. Über den Rücken hinunter zum Parkplatz an der Mündung des Val del Merlo.

Zwei der drei Zinnen des Bondone: Dos d'Abramo (mit Kreuz) und Cima Verde.

10

Sentiero del Coraza und Sentiero dei Sparavei

Dos d'Abramo, 2140 m
Große Runde in großartiger Landschaft

 leicht

 8 Std.

 1450 m

Routencharakter: Anstrengende, landschaftlich einmalige Überschreitung: wenig Eisen, viel Natur. Gute Kondition unerläßlich, lässt sich auch gut mit der »Via Segata« kombinieren.
Ausgangspunkt: Pietra (708 m), Weiler der Gemeinde Cimone oberhalb von Aldeno.
Gehzeiten: Gesamt 8 Std.; »Sentiero Coraza« – Dos d'Abramo 5 Std., Abstieg über den »Sentiero dei Sparavei« 3 Std.

Highlights: Die phantastische Felskulisse am »Sentiero Coraza«, die Blumenpracht des Frühsommers.
Einkehr: Malga Albi (1264 m), im Sommer bewirtschaftet.
Fototipps: Der Aufstieg über den »Sentiero Coraza« bietet zahllose spannende Motive. Tiefblicke vom »Sentiero dei Sparavei« durch das Val della Lengua.

Man kann den Dos d'Abramo auch anders besteigen, nicht am senkrecht verlaufenden Drahtseil, nicht von halber Höhe, sondern aus dem Tal. Das ergibt dann eine große Runde mit wenig Eisen, dafür mit unvergleichlichen Landschaftseindrücken. Ein Blick von Aldeno hinauf in die Ostabstürze der Tre Cime del Bondone genügt bereits, um eines klar zu machen: Das wird ein langer Weg. Und ein toller dazu, allerdings keiner für die »Eisenfresser« der Zunft, denn der »Sentiero Coraza« schlängelt sich, an zwei Stellen bloß   gesichert, durch diesen vermeintlich total unwegsamen Felsabbruch. Er nutzt jede »Schwachstelle« des

Die grandiose Felskulisse des »Sentiero Coraza«.

Geländes optimal, steigt über felsige Rippen, nimmt da eine Rinne, läuft dort über ein schmales Band und gewinnt dabei immer weiter an Höhe, bis man schließlich staunend auf den Blumenwiesen unter den Gipfelfelsen des Dos d'Abramo (2140 m) steht. Und wer jetzt noch nicht müde gelaufen ist, kann sich ja immer noch ans Drahtseil der »Via Segata« hängen (⇨ Tour 9).

➔ **Anfahrt** Aldeno (212 m) liegt südlich von Trento im Etschtal. Am besten erreicht man den Ort von der Umfahrungsstraße: im Süden der Stadt rechts über die Etsch nach Ravina und am Fuß des Bondone weiter nach Aldeno, 11 km. Vor dem Ort rechts aufwärts nach Cimone, 6 km bis zur Weiler Pietra (708 m). Kleiner Parkplatz im Dörfchen.

↑ **Sentiero del Coraza.** Oberhalb von Pietra auf einem Asphaltsträßchen nach rechts (Tafel) und dann in einem weiten Linksbogen zur Wasserfassung an der Mündung des Val Spagnolli. Kurz in dem Graben aufwärts, im Wald links steil bergan zum (verwahrlosten) Biwak Fratta (1135 m). Hinter der Hütte ziemlich direkt am bewaldeten Hang weiter bergan, dann in einen Graben. Man quert ihn nach links (ca. 1450 m) und steigt anschließend im Zickzack an einem mit Latschen bewachsenen Rücken aufwärts. Die gut markierte Spur leitet zurück in die Geröllschlucht (Drahtseil), dann gerade hinauf zu einem Wegzeiger. Er weist nach rechts auf ein bequemes Band unter senkrechten Felsen. Das Weglein umgeht sie rechts an einem Schrofenhang, leitet dann wieder nach links in eine Steilrinne (Drahtseil). Sie führt auf das große Terrassenband »Stel del Coraza« (ca. 1900 m). Nun unter den Gipfelfelsen der Pala Granda (2017 m) nach links in einen abschüssigen Graben, der etwas heikel gequert werden muss (abdrängende Stelle, keine Sicherungen). Weiter auf dem Band

10

leicht abwärts bis zur nächsten Rinne. Noch vor der Bait del Coraza (ca. 1850 m) über leichte Felsen hinauf zu den Wiesenhängen unterhalb des Dos d'Abramo. Am Kreuz der Pala Granda vorbei bis zu dem querführenden Weglein am Felsfuß.

↗↘ **Dos d'Abramo** (2140 m)

Das Weglein führt zunächst zum Einstieg der »Via Segata« (⇨ Tour 9), dann weiter in den namenlosen Sattel (2078 m) zwischen Cornetto (2180 m) und Dos d'Abramo. Hier rechts aufwärts, an soliden Sicherungen (Drahtseil, Haken) durch eine Steilrinne und über einen Schrofenhang auf guter Spur zum Gipfel. Zwischen Latschen (und zahllosen Enzianen im Frühling) über das abgeflachte »Dach« des Dos d'Abramo. Das Kreuz steht auf der Nordkuppe. Der Abstieg, ebenfalls mit Drahtseilen gesichert, führt durch eine Rinne hinunter auf ein horizontales Band. Man folgt ihm (Drahtseile) nach links bis zum Felsfuß. Hier mündet der »Sentiero del Coraza«. Nun am Grat entlang und kurz bergan zur Cima Verde (2102 m), dem dritten Bondonegipfel (Tre Cime).

↘ **Sentiero dei Sparavei**

Ein bisschen Eisen, vor allem aber nochmals packende Landschaftsbilder bietet der Abstieg über den »Sentiero dei Sparavei«; jetzt schaut man hinein und hinunter in jenes Felslabyrinth, durch das der »Sentiero del Coraza« ansteigt. Zunächst im Links-rechts-Takt am grasigen Ostrücken zu einem Felsabbruch. Am Drahtseil durch eine harmlose Rinne, dann auf einem Band nach rechts und steil, aber gut gesichert etwa fünfzehn Meter abwärts. Nun, begleitet von packenden Tiefblicken, am Rand des Abbruchs entlang. Schließlich taucht das Weglein ein in den Wald; vorbei an dem Forsthaus von Sparavei (1502 m) wandert man hinab zur Malga Albi (1264 m). Der weitere Abstieg ist nicht mehr markiert! Zunächst auf der Almstraße über zwei Kehren abwärts, dann rechts, an ein paar Häusern vorbei, auf einer breiten Mulattiera bergab. Oberhalb von Pietra stößt man wieder auf den Anstiegsweg.

Gesicherte Passage am »Sentiero dei Sparavei«.

Tipp

Gelegentlich schießen die italienischen Wegbauer ja auch etwas übers Ziel hinaus. Ein treffliches Beispiel ist der Monte Biaena (1615 m), der sich im Winkel zwischen Rovereto und Mori erhebt. Ein vergleichsweise harmloser Felsaufschwung an seinem Nordgrat wurde mit einer Eisenkonstruktion umgangen, die weit mehr an einen Fußgängerübergang als an einen Wanderweg erinnert. Die Gipfeltour lohnt sich übrigens trotzdem, knapp 3 Stunden vom Passo Bordala (1253 m); Aufstieg über die Ostflanke, Abstieg am Nordgrat, bemerkenswerte Aussicht aufs Etschtal.

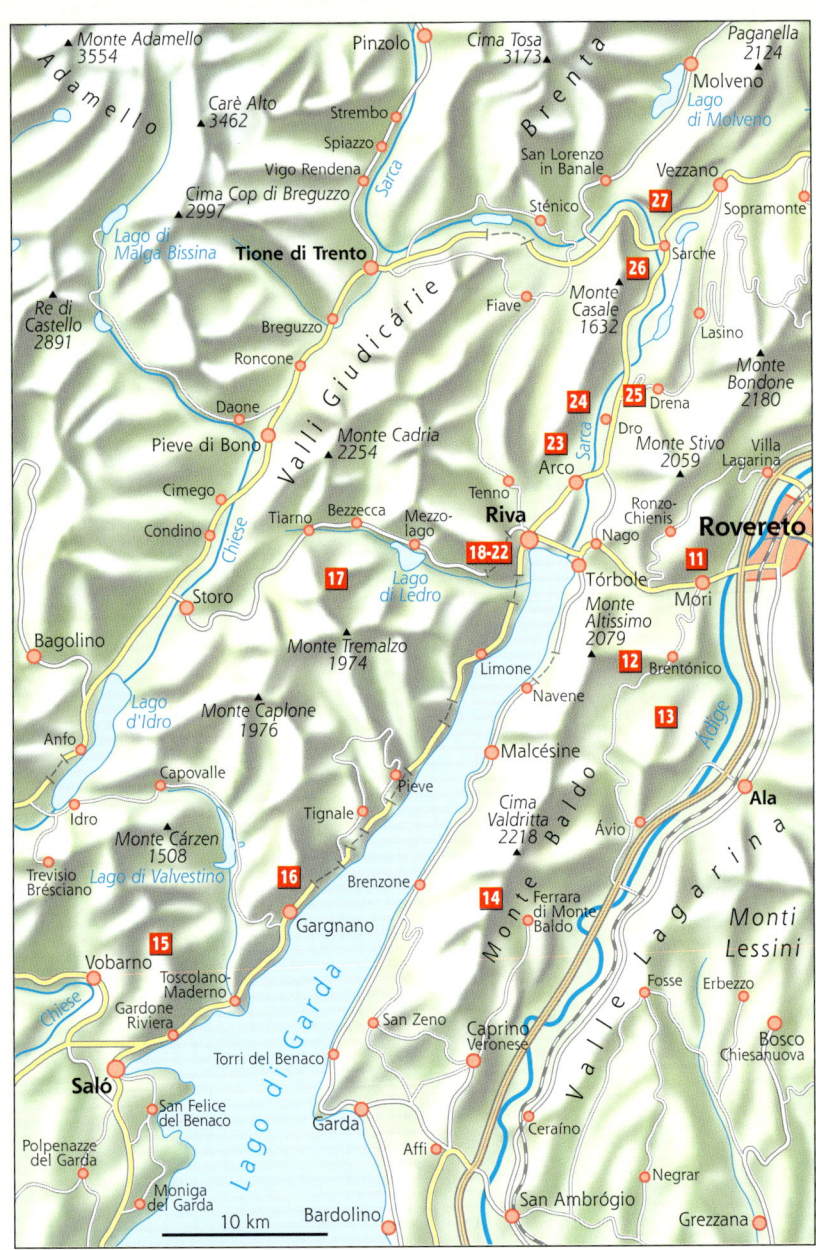

Monte Adamello 3554

Carè Alto 3462

Cima Cop di Breguzzo 2997

Adamello

Pinzolo

Strembo

Spiazzo

Vigo Rendena

Sarca

Brenta

Cima Tosa 3173

San Lorenzo in Banale

Sténico

Paganella 2124

Molveno

Lago di Molveno

Vezzano

Sopramonte

27

Lago di Malga Bissina

Tione di Trento

Valli Giudicárie

Fiave

Monte Casale 1632

Sarche

26

Lasino

Re di Castello 2891

Breguzzo

Roncone

Daone

Pieve di Bono

Cimego

Condino

Chiese

Monte Cadria 2254

24

23

Sarca

Arco

Tenno

Riva

18-22

Monte Bondone 2180

25 Drena

Dro

Monte Stivo 2059

Ronzo-Chienis

Nago

Villa Lagarina

Rovereto

Tiarno

Bezzecca

Mezzo-lago

17

Lago di Ledro

Tórbole

11

Mori

Storo

Bagolino

Anfo

Lago d'Idro

Monte Tremalzo 1974

Monte Caplone 1976

Capovalle

Idro

Monte Cárzen 1508

Trevisio Brésciano

Lago di Valvestino

16

Pieve

Tignale

Brenzone

Gargnano

Limone

Navene

Malcésine

Cima Valdritta 2218

Monte Altissimo 2079

Brentónico

12

13

Adige

Ala

Monte Baldo

Ávio

Valle Lagarina

Monti Lessini

15 Vobarno

Toscolano-Maderno

Gardone Riviera

Chiese

Saló

San Felice del Benaco

Polpenazze del Garda

Moniga del Garda

14

Ferrara di Monte Baldo

Fosse

Erbezzo

Bosco Chiesanuova

San Zeno

Caprino Veronese

Lago di Garda

Garda

Affi

Ceraíno

San Ambrógio

Negrar

Grezzana

Bardolino

10 km

Gardaseeberge

Manche Gardaseefahrer geben sich schon von weitem zu erkennen: Bikes oder Surfbretter auf dem Autodach, und pfeilgeschwind (wenn der Verkehr es zulässt) auf der Brennerautobahn unterwegs Richtung Süden. Klettersteigler haben ihre Ausrüstung unter der Heckklappe verstaut, wie die Wanderer auch, und beide sind ebenfalls gerne rund um den Gardasee unterwegs, auf den Höhen zwischen Monte Baldo (2218 m) und Monte Casale, zwischen Ledrosee und Monte Stivo (2059 m). Vor allem die »Ferratisti« finden hier Routen für jeden Geschmack – und auch für (fast) jede Jahreszeit. Die Steige im unteren Sarcatal wie der »Pisetta« (⇨ Tour 27), »Sallagoni« (⇨ Tour 25) und »Colodri« (⇨ Tour 23) sowie an der Cima Capi (⇨ 18-21) sind meistens auch im Winter begehbar; Anfänger finden ebenso lohnende Ziele wie die »Esperti«. Die steuern natürlich erst einmal den Monte Albano (⇨ Tour 11) oder den Dain Picol (»Via Pisetta«, ⇨ Tour 27) an; die »Pisetta« ist in weitem Umkreis das Maß aller (Klettersteig-) Dinge: steiler gehts (zumindest am Gardasee) nicht mehr. Naturfreunde werden im Frühsommer gerne die wenig schwierigen Steige am Monte Baldo begehen: Corne di Bes (⇨ Tour 12), »Gerardo Sega« (⇨ Tour 13) und »Ferrata delle Taccole« (⇨ Tour 14). Ein absoluter Klassiker ist die »Via dell'Amicizia« über Riva mit ihren berühmten Leitern (⇨ Tour 22). Und dann ist da noch die »schönste Via ferrata zwischen den Dolomiten und dem Comer See« (Einschätzung des Autors), die »Che Guevara« in der 1400-Meter-Wand des Monte Casale. Wouwwh!

11 Via attrezzata Monte Albano

Monte Albano, 560 m
Der Klassiker über Mori

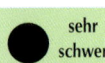 sehr schwer

 3¼ Std.

 360 m

Routencharakter: Sehr populärer Sportklettersteig in den Felsen oberhalb von Mori. Mit Drahtseilen und Tritteisen hervorragend gesichert; berühmt sind die extrem ausgesetzten Querungen. Nur für nervenstarke Ferratisti! Nachteil: Durch die zahllosen Begehungen ist der Fels an der 1976 eröffneten Route unangenehm abgeschmiert – bei Nässe gefährlich! **Ausgangspunkt:** Mori (204 m), stattlicher Flecken an der Strecke Rovereto – Torbole (Lago di Garda).

Gehzeiten: Gesamt 3 ¼ Std.; Zustieg – Ferrata 2 ¼ Std., Abstieg über gesicherte Route 1 Std oder wahlweise auf einfachem Weg.
Highlights: Kamine, dann die Querungen, vor allem die »Traversata degli Angeli«.
Einkehr: Hinterher ein kühles Bier in Mori ...
Fototipp: Viele tolle Klettersteigmotive. Wichtig: Kamera immer schön ruhig halten, auch mitten in der Senkrechten.

Dass Mori eine gute Adresse für Klettersteigler ist, merkt man schon an der Hauptstraße, über die der Verkehr zum Gardasee rollt: »Via attrezzata« heißt es da unübersehbar, auf dass auch kein Ortsunkundiger den Weg zum Monte-Albano-Klettersteig verpasse. Der Berg mit dem schönen Namen ist allerdings bloß ein breiter, gut 200 Meter hoher Felsabbruch, doch das sollte niemanden zur Annahme verleiten, hier warte ein eher gemütlicher Klettersteigspaß! Ganz im Gegenteil: Zwischen der Wallfahrtskirche mit der auffallend großen Uhr und dem bewaldeten »Dach« des Monte Albano dürften in den letzten fünfundzwanzig Jahren mehr Schweißtropfen vergossen worden sein als anderswo zwischen Rovereto und dem Gardasee – und ganz gewiss war auch reichlich Angstschweiß dabei ... Kein Wunder bei der Routenführung, die bewusst spektakulär gewählt ist, mit senkrechten Kaminen und – vor allem – atemberaubenden Querungen. Die sind hier ganz klar das sprichwörtliche »Salz in der Suppe«;

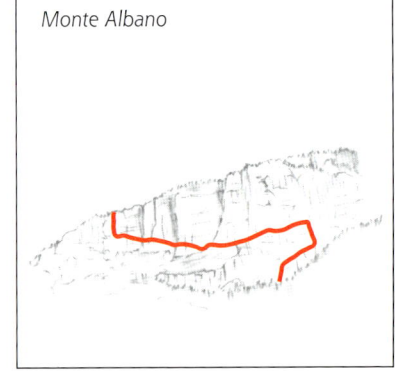

Monte Albano

11

da muß man auf den Eisenwegen zwischen Wien und dem Comer See schwer suchen, um vergleichbar ausgesetzte Passagen wie die »Traversata degli Angeli« zu entdecken!

➜ **Anfahrt** Mori (197 m) erreicht man von der Brenner-Autobahn, Ausfahrt »Rovereto Sud-Lago di Garda Nord« in wenigen Minuten auf der Straße zum Gardasee.

↗ **Zustieg** Von Mori hinauf zu der weit übers Tal sichtbaren Wallfahrtskirche Madonna di Monte Albano (330 m), 20 Minuten.

↑ **Via attrezzata Monte Albano**

Auf deutlicher Spur im Unterholz zum nahen Einstieg (Tafel). Anstrengend durch einen trittarmen Riss auf einen Absatz; wer hier bereits Probleme hat, sollte das Angebot zum geordneten

Luftiger Klettersteigspaß: am Monte Albano.

11

*Die
»Traversata
degli Angeli«.*

11

Tipp Kletterfreaks finden unten um die Wallfahrtskirche reichlich Boulderblöcke, die durchaus Alternativen bieten. Suchen, finden, kraxeln!

Rückzug nicht ausschlagen: »Rientro d'emergenza«. Weiter steil, aber gut gesichert aufwärts, dann gibts die erste Kostprobe fürs Nervenkostüm: den Eulenquergang (»Traversata al Gufo«), der nach rechts zum ersten senkrechten Kamin führt. Anstrengend, mit künstlichen Tritten aber einigermaßen entschärft, 40 Meter hinauf, dann nach links auf die atemberaubend luftige Engelsquerung (»Traversata degli Angeli«). Da wird sich schon manch eine/r einen Schutzengel gewünscht haben, der den Blick in die schwindelnde Tiefe ausspart und einen sicher über die winzigen Tritte führt. Nach dieser Mutprobe ist Aufatmen erlaubt; die Route führt in leichteres Gelände, man hat wieder festen Boden unter den Füßen. Das Steiglein quert die bewachsene Terrasse an ihrem oberen Rand zu einem exponierten Eck (Routenbuch). Schließlich das Finale: anstrengend, aber vorzüglich gesichert 60 Meter senkrecht durch die sogenannte »Hakenverschneidung« zum Ausstieg (ca. 560 m), *2 Std.*

Gut gesicherter Kamin.

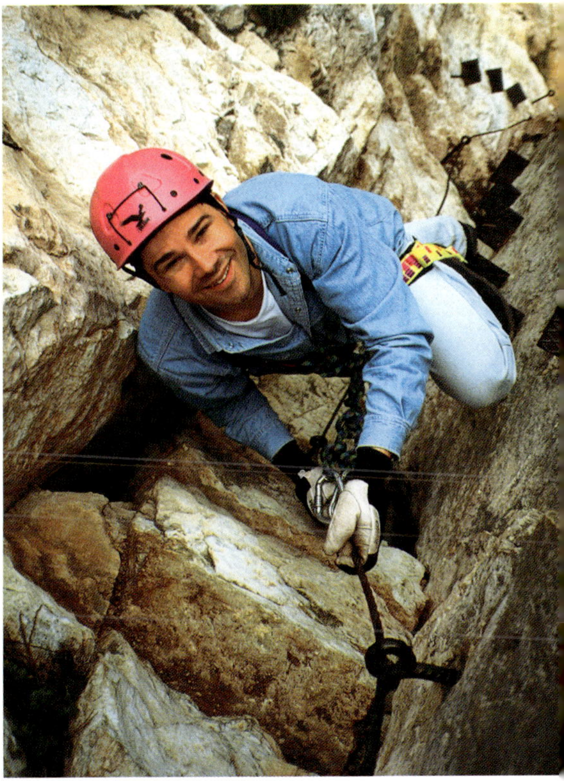

Abstieg Wahlweise links auf gutem Weg (»Sentiero rientro«) in einer halben Stunde hinunter zur Wallfahrtskirche, oder rechts über den »Rientro attrezzato« mit einigen Sicherungen im Bereich der östlichen Wandausläufer abwärts, eine Stunde bis Mori.

12 Sentiero attrezzato Corne de Bes

Corna Piana, 1736 m
Blütenpracht? Aber ja!

 leicht

 2 ³/₄ Std.

 470 m

Routencharakter: Gemütliche Halbtagswanderung mit wenig Eisenberührung, im Frühsommer dafür ein Gang durch die ebenso artenreiche wie üppige Monte-Baldo-Flora.
Ausgangspunkt: San Valentino (1312 m), Bungalowsiedlung am gleichnamigen Pass.
Gehzeiten: Gesamt 2 ³/₄ Std.; San Valentino – Corna Piana 1 ¹/₄ Std., Corna Piana – Bocca del Creer ¹/₂ Std., Bocca del Creer – San Valentino 1 Std.
Highlights: Die Blumenpracht des »Orto botanico«.

Einkehr: Rif. Graziani (1620 m) an der Bocca del Creer, bewirtschaftet Mitte Mai bis Ende Oktober. Rif. Fosce (1402 m) unterhalb der Bocca del Creer, etwas abseits der Graziani-Straße; während des Sommers bewirtschaftet. In beiden besteht auch Übernachtungsmöglichkeit.
Fototipp: Das gesicherte Ringband gibt vor dem Hintergrund des Monte-Baldo-Hauptkamms ein hübsches Motiv ab.
Und natürlich: Nahaufnahmen der bunten kleinen Sehenswürdigkeiten am Weg!

Wer zum Corna Piana, dem »flachen Horn«, pilgert, ist in der Regel mehr Naturfreund als Klettersteiger, besucht den »Orto botanico«, ein etwa 50 Hektar großes Areal (1200 – 1750 m), auf dem (fast) die gesamte Monte-Baldo-Flora versammelt ist. Da blüht und duftet es dann im Frühsommer, die Almböden sind mit bunten Polstern und Farbtupfern übersät: i fiori del Baldo. Bereits früher im Jahr zeigt sich Kerners Schmuckblume (Callianthemum kerneriamum), ein echter Endemit, im späten Frühling blühen Affodill (Asphodelus albus) und – sehr schön rund um die Bocca di Navene – Pfingstrosen (Paeonia officinalis), dann folgen all die Primeln (u.a. Prachtprimel), Enziane, Lilien (Türkenbund, Paradieslilien u.a.), entdeckt man – natürlich – auch Edelweiß (Leontopodium alpinum) und Kohlröschen (Nigritella nigra). Eine Südalpenspezies, die Teufelskralle (Physoplexis comosa),

hat ihre einzigen Monte-Baldo-Standorte allerdings weiter südlich, im Felsgelände der Cima Valdritta (2218 m) und der Punta
Telégrafo.

➜ **Anfahrt** Von Mori (197 m), das an der Strecke Rovereto –
Gardasee liegt, erreicht man den Passo di San Valentino (1312 m)
auf einer gut ausgebauten Straße über Brentonico, 18 km. Eine
zweite Zufahrt hat ihren Ausgangspunkt in Ávio (135 m), 17 km
durch das Valle dei Molini. Park- und Rastplatz wenig westlich
der Wasserscheide, an der Monte-Baldo-Höhenstraße.

↑ **Sentiero attrezzato Corne de Bes**

Der »gesicherte Steig«, 1979 von der SAT-Sektion Brentonico angelegt, vermittelt ein kurzes und harmloses Klettersteigerlebnis;
sein Verlauf wird durch den weithin sichtbaren, felsigen »Brust-
ring« am Corne de Bes vorgezeichnet. Von der Straße zunächst
im Zickzack bergan (Hinweis: »Sentiero delle Vipere«) zum Fels-

Hat seinen Namen zu Recht: das »flache Horn« (Corna Piana)

12

fuß, dann auf einem bequemen Band ansteigend nach rechts, teilweise mit Drahtseilsicherung, bis sich in den Felsen eine Lücke auftut: Ausstieg (ca. 1550 m). Unvermittelt steht man am Rand eines kleinen, nach Norden hin durch den langgestreckten Rücken der Corna Piana abgeschlossenen Plateaus. Von der Malga Bes (1511 m) führt eine deutliche Spur, rot-weiß markiert, über den schrofigen Hang links aufwärts. Am breiten Grat gabelt sie sich: rechts geht es an den Stellungsresten aus dem Ersten Weltkrieg vorbei zum Gipfel des Corna Piana (1736 m), *1 1/2 Std.,* halb links hinunter zu einem Wiesenboden und um ein felsiges Eck herum abwärts in die Bocca del Creer (1617 m), wo das Rifugio Graziani steht.

Am großen Band der Corne de Bes.

↘ **Abstieg** Auf der asphaltierten »Strada Graziani« (Monte-Baldo-Höhenstraße) nach San Valentino.

Sentiero attrezzato Gerardo Sega

13

Coalàz, ca. 1200 m
Nicht schwierig, aber alles andere als harmlos

 mittel

 5½ Std.

 980 m

Routencharakter: Ein »Überraschungsweg«, nur mäßig schwierig. Selbstsicherung empfehlenswert, Helm auf!
Ausgangspunkte: Erste Kehre (307 m) im Mühlental (Valle dei Molini), alternativ auch Straßenspinne bei Madonna delle Neve (1082 m).
Gehzeiten: Gesamt 5 ½ Std. Valle dei Molini – Preafessa-Wasserfall 1 ¼ Std., »Sentiero Sega« 1 ¾ Std., Höhenweg nach Madonna delle Neve 1 Std., Abstieg zum Valle dei Molini 1 ½ Std.
Startet man die Tour oben in Madonna delle Neve, ergibt sich eine Gesamtgehzeit von 4 Std.
Highlights: Dantesker Felswinkel unter dem Corno Gallina; Blumen am Höhenweg nach Madonna delle Neve.
Einkehr: Rifugio Monte Baldo (1113 m), im Sommer bewirtschaftet. Albergo Alpino (1122 m), bewirtschaftet Mai bis Oktober. Je etwa 15 Min. von Madonna delle Neve.
Fototipp: Packende Motive am Klettersteig: Schlucht, Bänder usw. Allerdings nur am Vormittag (bis etwa 10 Uhr) mit Sonne!

Es ist wie bei jeder guten Geschichte: Auf die Pointe kommt es an. Und die liefert der »Sentiero attrezzato Gerardo Sega« ohne Zweifel, stilgerecht allerdings erst nach einer längeren »Anlaufstrecke«: herauf aus dem innersten Mühlental, dann flach über eine Rampe, bis man vor lauter Bäumen den Wald nicht mehr sehen mag. Langweilig ... Du trabst um eine Eck und stehst ganz unvermittelt vor einem Höllenschlund, von Titanenhand aus dem Fels geschlagen. Es riecht buchstäblich nach Steinschlag (Helm!), ein paar frische Ausbruchnarben hoch oben im Fels verleihen der Szenerie einen apokalyptischen Anstrich: ein »End' der Welt«.

Aber kein Wegende: Auch wenn man es zunächst nicht glauben mag, der »Sentiero« führt mitten durch die weit überhängende Riesenapsis, auf einer komfortablen Terrasse noch dazu. Eine Stunde später, der Vertikalen entstiegen, ist dann Gelegenheit, beim Spaziergang über die üppigen (Enzian-)Wiesen

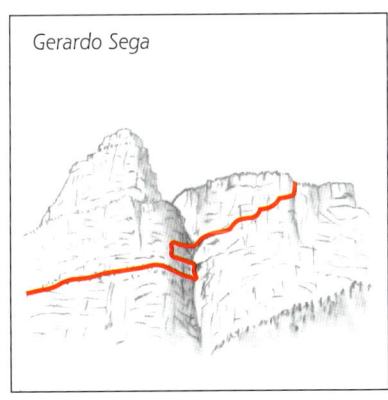

Gerardo Sega

Durch diese wilde Felsszenerie verläuft der »Sentiero Sega«.

nach Madonna delle Neve die Route nochmals Revue passieren zu lassen, und drunten im Valle dei Molini – Schuhe und Rucksack sind bereits im Kofferraum verstaut – riskiert man einen letzten Blick hinauf in den Felswinkel – einfach fantastisch!

➜ **Anfahrt** Von Avio (135 m) im Etschtal auf ordentlicher Straße ins Valle dei Molini bis zur Mündung des Aviana-Bachs (307 m), Parkmöglichkeit. Wer die Tour von oben starten will, fährt über zahlreiche Serpentinen hinauf zum Stausee von Prà da Stua (1041 m), hier links und über den Passo della Cola (1289 m), zuletzt auf leicht bergab führender Schotterstrecke, zur Wegspinne (1069 m) unweit des Kirchleins Madonna delle Neve.

➚ **Zustieg** An der Straßenbrücke (307 m) weist ein Schild zum »Sentiero Sega«. Man erreicht seinen Beginn in gut einer Stunde auf einer schönen alten Mulattiera, die über den Pian delle Scale durch das Tal des Aviana-Bachs hinaufzieht zum Preafessa-Wasserfall (ca. 720 m).

↑ **Sentiero attrezzato Gerardo Sega**
Den Auftakt bildet eine lange, »aussichtslose« Querung an der nördlichen Talflanke. Nur Geduld! Schließlich mündet die Spur

in den zwischen Corno Gallina (1175 m) und Coalàz eingerisse-
nen Felsschlund. Hier beginnt der gesicherte Abschnitt der Route; eine Leiter macht den Anfang, Drahtseile leiten steil nach
oben, ehe ein schmales Band (Fixseile) in luftiger Höhe zurück in
den dantesken Winkel führt. Man quert ihn auf komfortabler (von
unten nicht sichtbarer) Terrasse und steigt anschließend, wieder
am sichernden Drahtseil, hinauf zu den ausgedehnten Almböden
unter dem Hauptkamm des Monte Baldo (ca. 1200 m), *1 3/4 Std.*

↘ **Abstieg** Ein Sandsträßchen führt hinüber zum Wallfahrtskirchlein Madonna delle Neve (1082 m) in hübscher Lage über dem
Graben des Aviana-Bachs. Ein Stück weiter taleinwärts kümmert
man sich mehr um weltliche Bedürfnisse: in den Gasthäusern
Monte Baldo und Alpino. Buon appetito!

Der Weiterweg führt hinunter zum Aviana-Bach. Bei der Ponte
della Balanzà (ca. 980 m) links und auf dem alten Talweg – vorbei am Preafessa-Wasserfall – wieder hinunter zur Straße im
Mühlental.

*Luftige Passa-
ge am »Sen-
tiero Sega«.*

14 Ferrata delle Taccole

Vetta delle Buse, 2155 m
Zwei Wege, ein Ziel

mittel

2 1/2 Std.
bzw.
4 1/4 Std.

400 m
bzw.
800 m

Routencharakter: Kurze, aber sehr steile Ferrata hoch oben am Hauptkamm des Monte Baldo. Mit künstlichen Tritten und durchlaufendem Drahtseil gesichert.
Ausgangspunkte: Sattel Caval di Novezza (1433 m) an der Monte-Baldo-Höhenstraße oder Bergstation (1815 m) des Costabella-Liftes.
Gehzeiten: Gesamt ab Caval di Novezza 4 1/4 Std.; Caval di Novezza – Einstieg 2 1/4 Std., Klettersteig 1/2 Std., Abstieg 1 1/2 Std.

Gesamt ab Costabella 2 1/2 Std.; Costabella – Einstieg 1 1/4 Std., Klettersteig 1/2 Std., Abstieg 3/4 Std,
Highlights: Tiefblicke auf den Gardasee, im Frühsommer Blumenpracht. Mit viel Glück im Herbst ein grandioses Panorama.
Einkehr: Rifugio Telégrafo (2147 m), bewirtschaftet Mitte Juni bis Mitte September.
Fototipp: Actionbilder, gut Licht am Nachmittag; Tiefblicke auf den Gardasee.

Nein, ein zackiges Profil hat er nicht, dafür um so mehr Masse, der Monte Baldo (Cima Valdritta, 2218 m), besonders schön ist er auch nicht mit seinen schrundigen Flanken, die auf der Ostseite von tiefen Gräben durchzogen sind. Doch im Gegensatz zum Rosengarten hat ihn wenigstens kein sagenhafter Fluch in eine Steinwüste verwandelt, an seinen Flanken blüht es üppiger als auf den meisten südalpinen Höhen – nicht umsonst bezeichnet man ihn als »Giardino alpino d'Europa« (⇨ Tour 12). Und dann ist da natürlich noch das Panorama, eine grandiose Innenansicht des Alpenbogens, vom Monviso bis zu den Julischen Alpen. Zu erleben ist das allerdings jeweils nur an wenigen Tagen im Jahr, etwa nach einem reinigenden Gewitter oder wenn der Nordföhn Dunst und Smog hinausbläst in die Poebene.

Klettersteigler schauen mehr aufs Eisen als in die Ferne, doch besonders eisenhaltig ist der Monte Baldo nicht gerade. Und fast könnte man meinen, die Erbauer hätten versucht, das bisschen Vie ferrate auch noch bestmöglichst zu verstecken. Ganz leicht ist ja schon der »Sentiero Sega« (⇨ Tour 13) nicht zu finden, noch besser tarnt sich die »Taccole« in den steilen Nordabstürzen der Vetta delle Buse (2155 m). Die hat einen breiten Südrücken und ist über den Monte-Baldo-Kammweg leicht erreichbar, besonders von Süden – aber nur, wenn der Costabella-Lift läuft. Etwas weiter ist der Zustieg von der »Strada Graziani« aus; dafür lässt sich der Klettersteig dann leicht mit einer (aus-

sichtsreichen) Kamm- und Gipfelwanderung verbinden: Aufstieg zur Cima Valdritta (2218 m), Übergang zur Punta Telégrafo (2200 m), weiter zur Ferrata, dann von der Vetta delle Buse zurück bis zum Rifugio Telégrafo und auf markiertem Weg hinunter zum Ausgangspunkt, insgesamt knapp 6 Stunden.

Über den Woken: am Weg zur Cima Valdritta.

➜ **Anfahrt** Die »Strada Generale Graziani« verbindet die Ortschaften an der Ostflanke des Monte Baldo; sie misst von Mori bis Caprino Veronese etwa 60 Kilometer und ist durchgehend asphaltiert. Als Ausgangspunkt für die Tour bietet sich der Sattel Caval di Novezza (1433 m) an, 36 km ab Mori.

Die Talstation des Costabella-Sesselliftes bei Prada (958 m) erreicht man vom Gardasee-Ostufer auf guten Straßen. Bergstation beim Rifugio Costabella (1815 m).

Herbstwälder auf der Westabdachung des Monte Baldo.

↗ **Zustieg** Vom Caval di Novezza (1433 m) entweder auf der Straße knapp ein Kilometer aufwärts, dann links auf Weg 652 (Hinweis »Rif. Telégrafo«) oder direkt in kurzen, steilen Kehren am Hang aufwärts. Die beiden Wege kreuzen sich an der 1700-Meter-Höhenmarke; hier links und diagonal bergan zum Kammweg. Links um die Punta Sascaga (2152 m) und einen weiteren Kammbuckel herum in die namenlose Scharte (2087 m) über dem Valle delle Prè (Tafel).

Alternative: Von der Liftstation an der »schönen Seite« (Costabella, 1815 m) auf viel begangenem Weg bergan in die Bocchetta di Coal Santo, dann knapp unter dem gleichnamigen Gipfel (2072 m) hindurch weiter zum Passo del Camino, einem aus dem Fels gesprengten Durchlass. Auf der Ostseite des Kamms leicht abwärts zur Scharte (2087 m).

↑ **Ferrata delle Taccole**

Der roten Markierung folgend im Geröll in den Karwinkel hinunter und links zum Einstieg am Felsfuß (ca. 2020 m). Durch einen ersten Kamin etwa 35 Meter senkrecht, aber gut gesichert auf ein Band. Kurz nach rechts zum zweiten, noch etwas höheren Kamin. Am durchlaufenden Drahtseil mit Hilfe einiger künstlicher Tritte in leichtes Gelände (Routenbuch, 2115 m). Über einen letzten, ungesicherten Felsaufschwung auf die große Gipfelwiese der Vetta delle Buse (2155 m).

↘ **Abstieg.** Kurz hinunter zum Kammweg; beim Passo del Cammino links bzw. rechts zurück zum jeweiligen Ausgangspunkt.

Via ferrata Spigolo della Bandiera

Rifugio Pirlo, 1165 m
Kurzes Ferrata-Vergnügen oder richtige Bergtour?

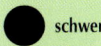

Routencharakter: Kurze, aber recht anspruchsvolle Route an dem Fels- pfeiler unterhalb der Pirlohütte. Durchlaufendes Drahtseil, ganz we- nige Eisenstifte.
Ausgangspunkt: Val di Sur (511 m).
Gehzeiten: Gesamt 3 1/4 Std.; Val di Sur – Einstieg 1 1/2 Std., »Ferrata« – Rifugio Pirlo 1/2 Std., Abstieg via Pas- so di Spino 1 1/4 Std.

Highlights: Der Klettersteig als Auf- takt für die große Überschreitung des Spino-Massivs (⇨ Tipp).
Einkehr: Rifugio Pirlo allo Spino (1165 m), bewirtschaftet Juni bis Sep- tember durchgehend, sonst nur an Wochenenden.
Fototipp: Action an der Ferrata – und vor allem die Blumen der Region. Im Sommer zahllose Schmetterlinge!

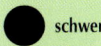
schwer

3¹/₄ Std.

650 m

Tipp

Lohnendste Bergtour im Hinter- land von Gardone ist die Über- schreitung des gesamten Spino- Massivs, Gehzeit ab Albergo Co- lomber (405 m) etwa 8 Stunden; Zugang durch das Val di Sur, über den Klettersteig zur Hütte, dann auf den Monte Spino (1486 m). Anschließend hinun- ter zum Buco del Gatto (1307 m), weiter mit viel Auf und Ab sowie ein paar leichten Kletter- stellen über den gesamten Mar- mera-Grat (Cima Croce, 1406 m) zu den Hütten von Gardon- cello (1041 m) und hinab ins Val di Sur.

Naturfreunden braucht man den Monte Pizzocolo (1581 m) natürlich nicht vorzustellen: er ist für seinen Blumenreichtum so berühmt wie fürs große Alpen- randpanorama. Bestiegen wird der Berg, den die Einheimischen auch »Gu« nennen (gua! = schau!, weil er als Wetterzeiger gilt), gerne aus dem Val di Sur, steht in der Nähe des Passo di Spino (1160 m) doch die einzige bewirtschaftete Hütte der Region. Und die bietet als besondere Attraktion gleich zwei »Haus-Klettersteige«: die »Ferrata Spigolo della Bandiera«, die über einen steilen Pfeiler läuft, und ein langes Fixseil, das an die Felsen beim Passo di Spino geheftet ist. Die land- schaftlichen Höhepunkte liegen allerdings anderswo, beide Routen sind nicht viel mehr als (anregende) Turn- übungen für Ferratisti, vor allem die Trainingsstrecke am Spinopass.

Frühling am Monte Pizzocolo: Schnee- glöckchen.

15

→ **Anfahrt** Das Dörfchen San Michele (372 m) am Eingang ins Val di Sur erreicht man von Salò auf breiter Asphaltstraße über Serniga, 7 km, von Gardone via Tresnico, 5 km. Links am Albergo Colomber (405 m) vorbei und auf einem Sandsträßchen flach talein, 3 Kilometer bis zum Beginn der Steigung (511 m). Parkmöglichkeit.

↗ **Zugang** Bis zum Straßenende, dann auf teilweise rauem Weg weiter im Val di Sur taleinwärts. Nach gut einer Wanderstunde kommt man zu einer Verzweigung: hier links und im Wald steiler bergan, bis ein Schild zur Ferrata weist.

↑ **Ferrata Spigolo della Bandiera**
Links zum Einstieg (ca. 1040 m). Eine kurze Querung macht den Auftakt, dann leitet die Route steil über den Pfeiler aufwärts. Ein kleiner Überhang (hau ruck!) führt zum Ausstieg. Auf markierter Spur hinauf zum Hüttenweg und links zum Rifugio Pirlo (1165 m), *1/2 Std.*

Steil: der Einstieg zur »Ferrata Spigolo della Bandiera«.

⬆ Ferrata Passo di Spino

Die Trainingsroute befindet sich am Gratfelsen unmittelbar westlich des Passo di Spino (1160 m), Zugang über den Fahrweg, 10
Minuten. Den Einstieg (Überhang) schafft man nur mit roher Ge-
walt, dann folgt eine längere Querung, zum Schluss ein steiler
»Gipfelanstieg«. Turnübung, Länge: geschätzte 50 Meter.

⬊ **Abstieg** Hinüber zum Passo di Spino (1160 m), dann flach zu
einer Weggabelung und rechts hinunter ins Val di Sur, Markierung »1«.

*Auch am
Monte Spino
gibt es ein
paar (ungesi-
cherte) Klet-
terstellen.*

16 San Valentino, gesicherter Steig

San Valentino, 772 m
Ausguck über dem Gardasee

 leicht

 2 Std.

340 m

Routencharakter: Leichter, im oberen Abschnitt mit ein paar Drahtseilen gesicherter Steig.
Ausgangspunkt: Sasso (546 m), kleines Dorf am Monte Gargnano.
Gehzeiten: Gesamt 2 Std.; Zugang ½ Std., Aufstieg 1 Std., Abstieg ½ Std.

Highlights: Herrliche Tiefblicke auf Gargnano und den Gardasee sowie Aussicht auf den Monte Baldo.
Einkehr: Keine.
Fototipp: Die ehemalige Einsiedelei San Valentino bietet gute Motive, dazu Tiefblicke auf den Gardasee.

Die Cima Comèr (1279 m) gilt als Hausberg von Gargnano; sie bietet eine faszinierende Aussicht auf den Benacus und seine Bergkulisse. Von Sasso aus sind es gerade zwei Stunden Aufstieg, und meistens verbindet man die Gipfeltour mit dem kleinen Abstecher nach San Valentino. Der malerische Bau, nach einem Pestgelübde im 17. Jahrhundert in den Felsen über Gargnano errichtet, war früher Einsiedelei.

Seit ein paar Jahren gibt es einen zweiten Zugang, steiler als der alte Pfad und an ein paar Stellen mit Drahtseilsicherungen. Keine richtige Ferrata, aber ein hübsches Steiglein ohne nennenswerte Schwierigkeiten, dafür mit stimmungsvollen Tiefblicken auf den großen See.

➜ **Anfahrt** Von Gargnano (68 m) auf guter, aber kurvenreicher Straße über den Monte Gargnano nach Sasso (546 m), 8,5 km. Parkplatz vor dem Ort.

➚ **Zugang** Zunächst auf einer Straße, die bis zu den letzten Häusern von Sasso geteert ist, leicht bergab in den Graben des Valle di San Martino, dann auf gutem, schattigem Weg

weiter abwärts zu einer Weggabelung (438 m). Nun der Markierung »30« in flachem Gelände bis zu einem Hochspannungsmast.

↑ San Valentino, gesicherter Steig
Beim stählernen Hochspannungsmast zweigt links das Weglein nach San Valentino ab (Hinweis). Im Wald bergan, an einem Klettergarten vorbei, steil aufwärts zu einer ersten Kanzel. Dahinter über gestufte Felsen (Drahtseile) in eine Rinne und durch sie auf die zweite Kanzel. Hier hat man bereits Blickverbindung mit San Valentino: noch etwa 40 Höhenmeter, überwiegend am sichernden Drahtseil, dann ist der schöne Platz an der Südflanke der Cima Comèr gewonnen, *1 Std.*

↘ Abstieg Auf dem alten Weg mit einer kleinen Gegensteigung (Felsrinne) zurück nach Sasso.

Tipp

16

Bei guten Sichtverhältnissen lohnt sich natürlich der Aufstieg zur Cima Comèr (1279 m), ab San Valentino noch etwa 1 ¹/₂ Std. auf ordentlich markiertem Weglein. Abstieg aus der Scharte vor dem Monte Denervo links zum Rifugio Alpino Gargnano (979 m) und nach Sasso; Gesamtgehzeit 5 Std., Markierungen »31« und »38«.

Vom Anstieg nach San Valentino bieten sich mehrfach hübsche Tiefblicke auf Gargnano und den Gardasee.

17 Sentiero Pellegrino

Il Corno, 1731 m
Abenteuerpfad in den Ledrobergen

 leicht

 7 Std.

 1160 m

Routencharakter: Landschaftlich sehr eindrucksvolle Runde; Aufstieg zum Corno auf gutem Weg, Gratüberschreitung am »Sentiero Pellegrino« mit zwei gesicherten Passagen und einigen leichten Kletterstellen (I-II).
Ausgangspunkt: Über dem Westufer des Lago di Ledro (652 m).

Gehzeiten: Gesamt 7 Std.; Ai Sabioni – Corno 3 Std., »Sentiero Pellegrino« – Bocca Casèt 2 Std., Abstieg 2 Std.
Highlights: Aussicht vom »Horn«, der Zackengrat hinüber zur Cima Casèt.
Einkehr: Keine.
Fototipp: Schöne Actionmotive am »Sentiero Pellegrino«.

Felspassage am »Sentiero Pellegrino«. Der Lago di Ledro mit seinen (rekonstruierten) Pfahlbauten ist ein beliebtes Ausflugsziel für Gardasee-Urlauber, das zackige Felsprofil über dem See dagegen dient bestenfalls als Hintergrund fürs Erinnerungsfoto. Benennen kann es kaum jemand, und der Blick auf die Landkarte hilft auch nicht viel weiter. Immerhin, die rote, unterbrochene Linie signalisiert einen Zugang zum nördlichsten Gipfel dieser »piccole Dolomiti«, der – sehr treffend – schlicht Corno (1731 m) heißt. Und als veritables Horn entpuppt

17

er sich denn auch, immerhin um gut einen Kilometer den Lago di Ledro überragend. Das listig angelegte Weglein umschleicht den Gipfel zunächst, weicht senkrechten Felsen immer wieder aus und findet schließlich doch den Weg zum höchsten Punkt. Ecco! Da kann man dann erst einmal Umschau halten, auch weitere Tourenziele im Rund ausmachen, etwa über dem Valle dei Concei oder um den Monte Tremalzo, der mit seinen schräg gestellten Kalkschichten und dem hässlichen Antennenstachel leicht zu erkennen ist. Der Monte Carone (1621 m) zeigt aus dieser Perspektive mehr Wald als Fels, wie auch die jähen Ostabstürze des Rocchetta-Stocks (1540 m) bloß zu erahnen sind. Sauber aufgereiht stehen dagegen die Kuppen und Türme des »namenlosen« Felsgrates vor einem, bis hin zur Cima Casèt (1748 m), eineinhalb Kilometer weit weg – oder anderthalb Stunden. Denn – was für eine schöne Überraschung! – dem Kamm folgt eine markierte Spur, ein richtiger Abenteuerpfad mit Kraxeleinlagen, keine Spur verrät, wie's weitergeht: abwärts, hinüber, links oder rechts?

➜ **Anfahrt** Den Lago di Ledro (652 m) erreicht man von Riva über die abschnittweise in Tunnels verlaufende Strada Statale 240, ca. 10 km. Auf der Süduferstraße vorbei an der Bungalowsiedlung Pian di Pur und aufwärts gegen den bewaldeten Rücken

Felsprofil über dem See: der Corno über dem Lago di Ledro.

17

von Ai Sabioni. Hier zweigt links die Zufahrt zu einigen höher gelegenen Ferienhäusern ab (Hinweis »Monte Corno«), gut 500 Meter bis zu Sperrschranke. Parkmöglichkeit an der Straße.

↗ **Zugang** Zunächst auf einem Fahrweg, Markierung 456, steil im Wald bergan. Nach einer Dreiviertelstunde verlässt man die Zementunterlage und biegt auf einen Almweg ein; die Abzweigung ist mit dem Hinweis »San Martino« versehen. Das Kirchlein San Martino steht auf einer grasigen Anhöhe, die freie Sicht nach Norden, auf den Gipfelkranz um das Valle dei Concei bietet. Nun rückt auch der Corno ins Blickfeld: ein elegantes Felshorn. Zunächst bleibt der Zacken links, nach einer Kehrtwende dann rechts, unnahbar über senkrechten Felsabstürzen thronend. Der schmale Pfad, Markierung »456bis«, quert zu einem Durchschlupf, gewinnt so die nächsthöhere Etage und schließlich über einen steilen, schrofendurchsetzten Wiesenhang die Scharte im Rücken des Gipfels (ca. 1660 m), wo links der »Sentiero Pellegrino« abgeht. Zum Kreuz mit großer Aussicht ist es dann nur mehr ein Katzensprung.

Dem felsigen Grat zwischen Corno Casèt und Corno folgt der »Sentiero Pellegrino«.

↑ Sentiero Pellegrino

Wesentlich mehr Zeit nimmt die Gratüberschreitung zur Cima Casèt in Anspruch, ein abwechslungsreiches Auf und Ab über mehrere enge Scharten und ein paar (namenlose) Zacken. Langeweile kommt dabei garantiert nicht auf, dafür sorgt schon die Kulisse mit ihren zu abenteuerlichen Gestalten verwitterten Türmen und Felsen, die dem grasigen, teilweise mit Krummholz bewachsenen Kamm entragen. Drahtseile erleichtern gleich zu Beginn den Aufstieg durch eine erdig-rutschige Steilrinne, einmal schlüpft das Weglein sogar durch ein Felsenfenster: Kopf einziehen!

↘ Abstieg An der Kuppe »1769 m« wird aus der Zickzackroute wieder ein gemütlicher Wanderweg. Er schneidet, sanft an Höhe verlierend, die Wiesenhänge unter der Cima Casèt (1748 m). An der Bocca Casèt (1608 m) stößt man auf eine Schotterpiste, die zur Malga Giù (1277 m) hinabzieht. In einer Rechtskehre verlässt man sie und folgt dem alten Almweg, der fast eben, mehrere Gräben querend, durch die südöstlichen Hänge des Corno-Casèt-Kamms verläuft. Am Ansatzpunkt des Corno-Ostgrats schließt sich die Runde: zurück und hinab zum Ledrosee.

18
19
20
21

Sentiero attrezzato Fausto Susatti

Sentiero attrezzato Mario Foletti

Sentiero dei Camminamenti

Sentiero delle Laste

Cima Capi, 909 m, und Cima Rocca, 1089 m
Rundtour über dem Gardasee-Nordzipfel

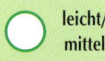 leicht/ mittel

 6½ Std.
km

1020 m

Am »Sentiero Foletti«.

Routencharakter: Leichte gesicherte Steige im Süden des Rocchetta-Massivs. Lassen sich sehr schön zu einer Rundtour verbinden, mit dem »Sentiero delle Laste« als Zu- bzw. Abstiegsvariante. Für weniger Geübte Selbstsicherung!
Ausgangspunkt: Abzweigung der Via del Ponale südlich von Riva.
Gehzeiten: Gesamt 6 ½ Std.; Riva – »Sentiero Susatti« – Cima Capi 2 ¾ Std., »Sentiero Foletti« ½ Std., »Sentiero dei Camminamenti« –

Cima Rocca – Bocca Sperone 1 ¼ Std., Abstieg über die Bocca Sperone nach Riva 2 Std.
Highlights: Faszinierende Tiefblicke auf den obersten Gardasee.
Einkehr: Keine. Unterschlupf im Bivacco Arcioni beim Kirchlein San Giovanni (860 m), stets zugänglich, nicht bewirtschaftet!
Fototipp: Der See aus der Vogelperspektive, Cima Capi mit ihrer senkrechten Nordwand, Stellungsreste, im Frühling Blumen.

Klettersteige im Multipack. Das findet der Interessierte an der Südflanke des Rocchetta-Massivs, in den Felsen über dem untersten Val di Ledro. Dabei handelt es sich durchwegs um richtige »Genießerrouten« in einer einmaligen Kulisse, die auch weniger Geübten nicht gleich den Angstschweiß auf die Stirn treiben. Weder der »Sentiero Susatti« noch der »Foletti« gehören in die Kategorie schwieriger Ferrate, und der »Schützengräbenweg« (Sentiero dei Camminamenti) ist auch nicht anspruchsvoller. Bloß eine Taschenlampe braucht man da, denn der Weg verläuft zum Teil in, nicht am Berg. Und der etwa 150 Meter lange Hauptstollen unter der Cima Rocca ist wirklich stockdunkel – selbst wenn draußen die Sonne scheint. Den Gang durch die Finsternis kann man sich allerdings bei einer Gipfelüberschreitung sparen, teilweise am sichernden Drahtseil.

Wer schwindelfrei und trittsicher ist, wird an der Runde seine helle Freude haben. Die Steige bieten viel Abwechslung, das Ambiente ist schlicht grandios. Dass hier vor allem der Krieg einst der große Wegbauer war, macht dagegen eher nachdenklich: Von 1915 bis 1917 ging die Alpenfront über das Rocchetta-Massiv, wurde an seinen Flanken und steilen Wänden gekämpft und gestorben. Wozu?

➔ **Anfahrt** Riva (78 m), historisches Städtchen am oberen Ende des Gardasees, erreicht man von der Brennerautobahn auf guten Straßen, 40 Kilometer von Trento, 17 km von der Autobahnausfahrt »Rovereto Sud-Lago di Garda Nord«.

↗ **Zustieg** Die Tour beginnt als Straßenwanderung: zunächst am Westufer in Richtung Limone bis zur Abzweigung der alten Ponalestraße.

Steiler Felszahn über dem obersten Gardasee: die Cima Capi.

18
19
20
21

Ohne Motorenlärm durch vier Tunnels (Vorsicht: häufig Radler!) zur Mündung des Val Sperone (ca. 170 m).

↑ Sentiero Susatti

Der gut markierte Weg führt zunächst in das von gewaltigen Felsfluchten umrahmte Tal, wendet sich dann nach links und steigt über eine teilweise bewaldete Hangterrasse an gegen den Südgrat der Cima Capi. Hier kommt ein alternativer Zugang von Biacesa herüber, Markierung »470«. Nun wird es felsig, beginnen auch die Drahtseilsicherungen. Sie leiten über gestufte Felsen auf den schmalen Gipfelgrat der Cima Capi (909 m), *2 1/4 Std.*

↑ Sentiero Foletti

Die Steige am Rocchetta-Stock bieten immer wieder faszinierende Tiefblicke auf den Gardasee.

Vom Gipfel der Cima Capi hat man nicht nur einen Prachtblick auf den Gardasee und zum Monte Baldo; gut einzusehen ist auch der Weiterweg. Der »Sentiero Foletti« führt aus der Senke (874 m) im Rücken der Cima Capi ohne größeren Höhenunterschied hinüber zum Kirchlein San Giovanni (858 m); eine abschüssige Plattenquerung und ein paar Felsstufen sind mit Drahtseilen gesichert.

↑ Sentiero dei Camminamenti

Gleich hinter dem Kirchlein von San Giovanni (858 m) weist ein
Schild zum »Schützengräbenweg«. Er folgt dem verzweigten
Stollen- und Grabensystem an der Cima Rocca (1089 m) und ist
abschnittweise ebenfalls mit Drahtseilen gesichert. Im Aufstieg
verschwindet die Route zweimal kurz im Bergesinnern (Kopf einziehen!); dem ersten Loch entsteigt man über eine Eisenleiter.
Dann muss man sich entscheiden: unten durch oder über den
Berg. Der Gipfelweg ist gut markiert; deutliche rot-weiße Markierungen leiten auch durch den Hauptstollen, der sich mehrfach
verzweigt. »Irrwege« sind entsprechend bezeichnet (»senza usci-
ta«, »pericoloso!«).

↘ Abstieg
Zurück im Tageslicht, steigt man über Schützengräben
hinunter zur Wegspinne an der Bocca Sperone (987 m). Zwei-,
dreimal bietet sich dabei rechts ein Blick in bodenlose Tiefen.
Der Abstieg aus der Scharte auf das markante Band, das von der
Cima Capi herüberkommt (Wegvariante unter Umgehung der Ci-

*Fels und
Wasser: am
obersten
Gardasee.*

Legende

ma Rocca) und den gesamten Fels-
kessel des innersten Val Sperone um-
zieht, erweist sich aber als recht
harmlos. Drahtseile sichern die ausgesetzten Passagen am teilweise luftigen Gang hinüber zu der kleinen,
von einem Hochspannungsmast »ge-
schmückten« Scharte im Rücken des
Monte di Riva (865 m). Dahinter
gehts endgültig abwärts, zunächst im
Zickzack, vorbei an einer guten
Quelle, dann flacher in längerer
Hangquerung und schließlich auf
breitem Weg hinaus zur Bastione
(211 m) und hinunter nach Riva.

↑ Sentiero delle Laste

Gesicherter Verbindungssteig zwischen dem »Sentèr del Bech«, der
quer durch die Südflanke der Cima Rocca zum Südgrat der Cima
Capi hinausläuft, Markierung »470«, und dem Kirchlein San Giovanni (858 m). Zunächst auf einem alten Kriegsweg bergan, dann
mit Drahtseilsicherungen über ein paar Felsaufschwünge; an einer Stelle muss man etwas kräftiger zupacken, ab Biacesa (418
m) etwa 1 ¹/₂ Std. Lässt sich mit den anderen gesicherten Steigen
im Süden der Rocchetta zu hübschen Runden verbinden; z.B.
Biacesa – »Sentiero delle Laste« – »Sentiero dei Camminamenti«
– Cima Rocca – Bocca Sperone – Cima Capi – »Sentiero Susatti«
– »Sentèr del Bech« – Biacesa; 5 ¹/₂ Std.

*Unten: Tief-
blick auf die
alte Ponale-
straße und
die Gardes-
ana Occiden-
tale. Rechts:
am »Sentiero
dei Cammi-
namenti«.*

22

Via dell'Amicizia

Cima SAT, 1246 m
»Freundschaftsweg« der Trentiner

mittel

6 Std.

1200 m

Routencharakter: Klettersteig mittlerer Schwierigkeit; Schlüsselstelle der Route ist eine 40 Meter hohe, senkrechte Leiter. Insgesamt langer und steiler ostseitiger Anstieg; Vormittagssonne!
Ausgangspunkt: Riva (78 m), an der Hauptstraße Richtung Bréscia.
Gehzeiten: Gesamt 6 Std.; Riva – Rifugio Barbara 1 1/2 Std., »Via dell' Amicizia« – Cima SAT 2 1/4 Std., Abstieg 2 1/4 Std.

Highlights: Tiefblicke auf Riva und das oberste Becken des Gardasees; die langen Leitern!
Einkehr: Rifugio Barbara (560 m), meist nur an Wochenenden bewirtschaftet. Besser also auf Selbstversorgung setzen.
Fototipp: Gute Motive auf den Leitern sowie unter dem Gipfel hinab zum See. Achtung: nachmittags liegt die gesamte Route bis zum Gipfel im Schatten.

Luftig-lustiges Finale an der »Via dell'Amicizia«.

Im Jahr 1972, zum hundertsten Geburtstag der »Società degli Alpinisti Tridentini« (SAT), wurde die »Via dell' Amicizia« eröffnet, ein Jubiläumsgeschenk des Trentiner Alpenclubs an die Bergsteigergemeinde. Dass die Ferrata so gut angekommen ist, liegt natürlich am faszinierenden Landschaftsrahmen, aber auch an dem spektakulären Verlauf der Route. Die schier endlos langen Leitern der »Amicizia« dürften mittlerweile in der Klettersteigler-Gemeinde berühmt sein.

Und dann die Vogelschau auf die Dächer von Riva, dessen historischer Kern die nördlichste Bucht des Gardasees umschließt! Am Hafen fällt der 35 Meter hohe Torre Apponale auf, bereits 1220 als höchster Stadtturm erwähnt, sowie die ehemalige Wasserburg der Scaliger. Man muss sie früher für unbezwingbar gehalten haben, ist doch in einer alten Chronik nachzulesen, dass »ein einziger Mann in der Feste

ausgereicht hätte, um tausend Angrei-
fern die Stirn zu bieten, ohne dass er
dabei außer Atem gekommen wäre.«
Leicht außer Atem dürfte dagegen
mach eine/r auf dem »Steig der
Freundschaft« geraten, beim Hinauf-
turnen über die langen Leitern, und dazu noch arg ins Schwitzen, denn
Schatten gibt es oberhalb der Barba-
rahütte nurmehr in kleinsten Portionen.
Als Belohnung ist oben auf dem SAT-
Zacken dann ein großer Schluck aus
der Flasche fällig – gut einen Kilometer
über den winzigen Surfsegeln auf

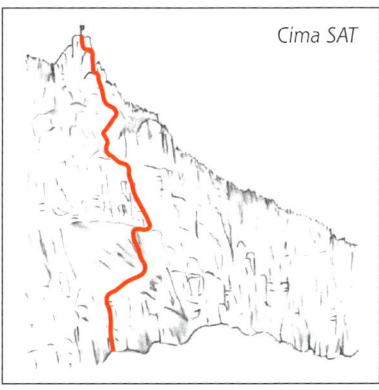

Cima SAT

Cima SAT.

22 dem vom Nordwind gekräu-
selten Wasser des Benacus.

→ **Anfahrt** Riva (78 m) erreicht
man von der Brennerautobahn
auf guten Straßen, 40 Kilometer von Trento, 17 km von der
Ausfahrt »Rovereto Sud-Lago
di Garda Nord«.

Vogel-
schaublick
von der Via
dell'Amicizia:
Riva und sein
Hafen.

↗ **Zustieg** Von der Hauptstraße nach Bréscia, auf der

Tipp

Die »Via dell'Amicizia« lässt
sich gut mit den anderen Klettersteigen an der Rocchetta kombinieren. Dazu muss man
zunächst in die Bocca Sperone
(987 m) absteigen, ³/₄ Std. von
der Cima SAT. Nun entweder auf
dem »Sentiero dei Camminamenti« (⇨ Tour 20) über die Cima Rocca (1089 m) oder um
den Gipfel herum zur Cima Capi
(909 m) und zum »Sentiero Susatti« (⇨ Tour 18).

Bergseite von Riva (große Schautafel) auf gepflastertem, breitem
Zickzackweg zur Bastione (211 m), dann mit der rot-weißen

Markierung »404« am teilweise bewaldeten Steilhang der Rocchetta hinauf zum Rifugio Barbara (560 m). Unterhalb des Kirchleins Santa Barbara zweigt rechts der Zugang zur Ferrata ab (Wegzeiger).

22

⬆ Via dell'Amicizia

Schräg aufwärts zum Einstieg (700 m), dann an Drahtseilen über gestufte Felsen zur ersten Leiter: 40 Meter in der Vertikalen, mit einer Plattform auf halber Höhe. Eine sehr willkommene Gelegenheit zum Verschnaufen, denn wer mag schon in einem Zug die Fassade eines fünfzehnstöckigen Hochhauses erklettern? Also langsam steigen, auch wenn man gerne raus aus der Senkrechten möchte. Dies gilt noch mehr für die zweite, 70 Meter

lange Leiter, deren Fuß man nach einem weniger anspruchsvollen Wegabschnitt erreicht. Obwohl nicht mehr so steil und luftig, bringt einen die endlose Sprossenreihe ordentlich ins Schwitzen. Ausstieg: aufatmen. Der Rest ist vergnügliche Zugabe mit zwei kurzen Leitern, ein paar Drahtseilen, dann steht man auf dem Gipfelchen (1246 m). Dass es eigentlich nur ein felsiger Zacken in der Ostflanke der Rocchetta ist, stört überhaupt nicht – zu schön ist der Blick auf Riva, den See und talaufwärts nach Arco; *2 1/4 Std.*

↘ Abstieg Von der Cima SAT an Drahtseilen kurz abwärts, dann hinüber zum querführenden Weg 418. Hier rechts und auf dem »Sentiero Crazidei« in unzähligen Kehren durch das Val Mera bergab. Auf einem breiten Karrenweg, Markierung »402«, zurück nach Riva.

23

Sentiero attrezzato del Colodri

Colodri, ca. 350 m
Kleine Ferrata mitten im Kletterrevier

 mittel

 2 Std.

 260 m

Routencharakter: Kleine Übungsferrata, von Kletterern gerne als bequemer Abstieg benützt. Hübsche Aus- und Tiefblicke auf den Burgfelsen von Arco und zur Sarca.
Ausgangspunkt: Prabi (92 m), Campingplatz 1 km nördlich von Arco.
Gehzeiten: Gesamt 2 Std.; Klettersteig ¾ Std., Abstieg nach Arco

¾ Std., Rückweg nach Prabi ½ Std.
Highlights: Tiefblicke von der Ferrata ins Sarcatal.
Einkehr: Café am Fuß des Colodri (Schwimmbad)
Fototipps: Wer ein Tele dabei hat, kann Extremkletterer knipsen. Am Rücken des Colodri faszinierendes Karrenfeld.

Ein Städtchen wie aus dem Italienprospekt: enge, verwinkelte Gässchen, altersgraue Mauern, die sich an den steilen Burgfelsen lehnen, eine mediterran üppige Vegetation. Kein Wunder, dass Albrecht Dürer, als er auf seiner Venedigreise 1495 in Arco vorbeikam, zum Zeichenstift griff, wie knapp 300 Jahre später Goethe. Sehr früh schon – in den Pioniertagen des Tourismus – entdeckten sonnenhungrige Nordländer, denen der deutsche Winter zu kalt, zu grau war, die Schönheiten des unteren Sarcatals. So nennt der »Baedeker« bereits vor der Jahrhundertwende eine ganze Anzahl von Hotels und Pensionen, lobt er das Klima als »dem von Gardone ähnlich, aber noch etwas ärmer an Niederschlägen«.

Das malerische Ambiente von Arco ist geblieben, wenn auch um einige wenig ansprechende moderne Zubauten ergänzt, geblieben sind auch die Kurgäste. Besucher ganz anderer Art, deren Sinn keinesfalls nach Lustwandeln und Erholung steht, findet man heute in Arco ebenfalls. Ihr Mekka sind die senkrecht, mitunter sogar überhängend zur Sarca hin abfallenden Wände im Rücken von Arco, die sich an der Sarca weit talaufwärts zie-

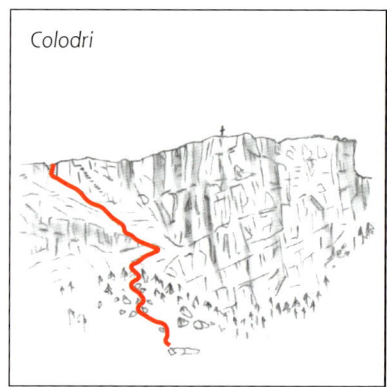

Colodri

hen. In den südlichen Ausläufern dieses riesigen Klettergebietes –
von Insidern spöttisch als »El Capitan der Armen« bezeichnet –
gibt es einen kleinen Klettersteig, ursprünglich als bequemer Abstieg für die »Climber« angelegt, aber längst von der Ferrrata-Ge-
meinde okkupiert: eine Übungsroute in höchst reizvollem Ambiente mit hübschen Ausblicken.

Romantische Kulisse: der Burgfelsen von Arco.

↑ Sentiero attrezzato del Colodri

Der Trimmpfad (»Sentiero Vita«) im Bergsturzgelände oberhalb
von Prabi (92 m) ist Ausgangspunkt der Mini-Ferrata. Sie quert
zunächst nach rechts unter die Colodrimauer, um dann in einer
langen Diagonale nach links in die nur mäßig steile Felsflanke zu
queren. Die Route ist bestens gesichert; während des Anstiegs
genießt man packende Tiefblicke ins Sarcatal, zum markanten

Steile Passage am »Colodri-Steig«.

Rücken des Monte Brione (376 m) und zum obersten Gardasee. Über einen fast senkrechten, mit ein paar Eisenstiften gangbar gemachten Kamin läuft der Klettersteig auf den abgeflachten Rücken des Colodri aus. Rechts, ein paar Meter höher, steht das große Kreuz (340 m).

↘ **Abstieg** Gut markiert über einen steinigen, teilweise verstrauchten Hang westwärts hinab zum Wallfahrtskirchlein Santa Maria di Làghel (220 m). Auf einem Sträßchen durch den Olivenhain von Arco hinunter ins Städtchen und zurück nach Prabi.

Eine lohnende Alternative bietet die Überschreitung des Monte Colt (437 m) nach Ceniga; Rückweg durch das Tälchen von Làghel; Gehzeit dann etwa 4 1/2 Stunden.

Tipp

Beliebte Anlaufstelle für Biker und Bergsteiger ist der Campingplatz bei Arco, direkt am Fuß der Kletterfelsen von Colodri. »Camping Arco«, Prabi di Arco; Tel. 0464/51 74 91. Sehr gut (aber nicht billig) isst man im »La Lanterna« (Zufahrt vom Campingplatz in Richtung Ceniga, Via L. Cecoslovacchi, 30; Tel. 0464/51 70 13. Eine vorzügliche Pizza gibt es im »Pace«, und nachher treffen sich Biker und Climber zu »caffè e vino« in der Bar Trentino (es gibt auch Weißbier). Ist es dort zu voll: Bar Centrale um die Ecke, Paulaner vom Fass.

Sentiero dell'Anglone und Sentiero degli Scaloni

24

Coste dell'Anglone, ca. 520 m
Aussichtswandern über dem Sarcatal

Routencharakter: Harmlose gesicherte Wege, ergeben eine hübsche Halbtagsrunde über dem untersten Sarcatal.
Ausgangspunkt: Brücke über die Sarca bei Dro (123 m).
Gehzeiten: Gesamt 3 Std.; »Sentiero dell'Anglone« 1 Std., Höhenweg

1 Std., Abstieg und Rückweg nach Dro 1 Std.
Highlights: Tiefblicke auf das Sarcatal.
Einkehr: Keine.
Fototipp: Leitern am »Sentiero degli Scaloni«. Achtung: am besten die Vormittagssonne nutzen.

 leicht

 3 Std.

400 m

Das untere Sarcatal ist ein Dorado für Kletterer; sie finden an seiner Westflanke fantastischen Kalk, Boulderfelsen und Reibungsplatten. Nicht zufällig hat sich Arco zu einem Mekka der Szene entwickelt, werden hier Meisterschaften ausgetragen, sind Rou-

Die steile Treppe am »Sentiero degli Scaloni«.

ten wie die »Katia Monte« oder »Sodom und Gomorrha« längst Klassiker. Und im »Piccolo Dallas« trifft man sich dann bei der Pizza zur Nachlese: Insider. Also nicht unbedingt die passende Gesellschaft für den braven Wanderer, der gebahnte Pfade vorzieht, respektvoll Distanz zur Vertikale hält. Doch sogar für ihn gibt es – sofern er einigermaßen schwindelfrei ist – eine Durchstiegsmöglichkeit in diesem Steilgelände, zwei sogar, beide markiert und gesichert, die sich zu einer hübschen Runde verbinden lassen. Sie führt von der

24

Sarca hinauf zu den Coste dell'Anglone (oder Angióm, wie die Einheimischen sagen), ein paar hundert Meter über dem Talboden; die Steilheit des Geländes garantiert prickelnde Tiefblicke zum Fluss und zu den Marocche. Dieses riesige Bergsturzgelände, das nördlich von Dro den Talboden ausfüllt, belegt eindrucksvoll, dass auch Berge nicht für die Ewigkeit gemacht sind. In die danteske Trümmerlandschaft vermag selbst der Lago di Cavédine (241 m) kaum einen freundlichen Akzent zu setzen. Bis zu 250 Meter hoch türmen sich die Gesteinsmassen, die nach

Am »Sentiero degli Scaloni«.

24

dem Rückzug des mächtigen Etschgletschers, am Ende der Eiszeit also, von den übersteilen Flanken des Monte Brento (1545 m) und des Monte Casale (1632 m) abbrachen. Gegen 750 Millionen Kubikmeter sollen damals zu Tal gedonnert sein. Das entspricht immerhin einem Würfel mit Kantenlängen von 900 Metern!

Aus Steinen, vergleichweise wenigen allerdings, besteht auch Castel Drena, das sich mit seinem wuchtigen Bergfried unterhalb des gleichnamigen Dörfchens auf einem Geländesporn erhebt. Heute wohnen keine Rittersleut' mehr auf dem Schloss, dafür wird es gerne von Klettersteiglern angepeilt (⇨ Tour 25).

→ **Anfahrt** Dro (123 m) liegt etwa 5 Kilometer nördlich von Arco an der Straße nach Trento. Parkmöglichkeit im Bereich der Brücke über die Sarca.

↑ **Sentiero dell'Anglone**

Von den Coste dell'Anglone bietet sich freie Sicht auf Castel Drena, doch erst einmal muss man hinauf, über die Wandstufe zu der bewaldeten Terrasse. Das geht zwar überraschend leicht, verlangt aber schon einen sicheren Tritt. Den Hinweisen »San Giovanni« folgend, erreicht man nach einer Viertelstunde den Felsfuß. Der kunstvoll angelegte Steig, Markierung »425«, schwindelt sich durch den Steilabfall, an einigen Stellen mit Sicherungsseilen versehen. Wer hier ins Schwitzen gerät, dem sei gesagt, dass die Bauern früher bei Trockenzeiten sogar das Wasser über diese steile Rampe zu ihren Feldern auf den Coste hinaufschleppten – auf dem Buckel! An diese (gute?) alte Zeit erinnern überwucherte Terrassen und ein paar alte Wassertröge. Bei der Abzweigung oberhalb der Felsen (ca. 430 m) hält man sich links und folgt dem Weglein, das mit schönen Aus- und Tiefblicken quer über die Hangterrasse läuft, Markierung »428bis«.

↘ **Abstieg: Sentiero degli Scaloni** Kurz vor Beginn des Abstiegs heißt es aufpassen, beschreibt der Pfad doch einen scharfen Rechtsknick. Wenig später stößt man auf den »Sentiero degli Scaloni«, einen ehemaligen Kriegssteig, 1915 von den Österreichern angelegt. Drahtseilsicherungen auch hier; zwei lange Leitern führen im Rücken eines abgespaltenen Felsens steil abwärts. Schließlich entlässt einen das Steiglein in den Wald, und beim Maso Lizzone (122 m) biegt man in das Sträßchen ein, das parallel zur Sarca zurückleitet nach Dro.

25

Sentiero attrezzato Rio Sallagoni

Castel Drena, 380 m
»Schluchteln« einmal ganz trocken

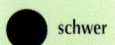 schwer

 1 Std.

 180 m

Routencharakter: Kurzer, aber sportlicher Schlucht-Klettersteig; wenig Felsberührung, dafür brauchts Armkraft. Besonderer Gag: die Dreiseilbrücke im mittleren Klammabschnitt.

Ausgangspunkt: An der Straße von Dro nach Drena.

Gehzeiten: Gesamt 1 Std.; Ferrata 40 Min., Abstieg 20 Min.

Highlights: Nach außen hängende Querungen, Engstellen unter Klemmblöcken, Hängebrücke.

Einkehr: In Drena (393 m).

Hinweis: Castel Drena kann besichtigt werden; es finden in den historischen Räumen auch regelmäßig Ausstellungen statt.

Fototipp: Gute Bilder gibt es in der Klamm nur mit Blitz (kaum Sonne): Querungen, bizarre, ausgewaschene Felsen, Action auf der Hängebrücke.

Der erste Blick gehört der (jüngst restaurierten) Burg von Drena, erst beim zweiten Hinschauen entdeckt man den schmalen Riss in der bewaldeten Steilflanke unterhalb des Schlosses. Hier hat sich der Rio Sallagoni tief ins Kalkgestein gegraben, eine pittoreske Klamm geschaffen, deren Wände im Mündungsbereich an mehreren Stellen gerade noch einen knappen Meter voneinander entfernt sind – faszinierende Kulisse für eine kleine Ferrata. Sie hat durchaus sportlichen Charakter, trotz eher üppiger Sicherungen. Die sind aber auch notwendig,

Alte Mauern: Castel Drena.

bietet der abgeschliffene Steilfels doch oft nicht einmal den kleinsten Tritt. So ist man richtig froh um die soliden, wenn auch gelegentlich (zu) weit auseinander stehenden Eisenbügel. Kleingewachsene müssen sich jedenfalls mächtig strecken, um auch ans nächste Eisen zu kommen ...

Der spezielle Gag folgt dann weiter taleinwärts: eine kühn übers Wasser gespannte, etwa 20 Meter lange und ziemlich schwankende Dreiseil-Hängebrücke. Wer sich der luftigen Konstruktion nicht anvertrauen mag, kann sie bequem auf fester Unterlage umgehen.

➜ **Anfahrt** Von Arco bis Dro (123 m), dann auf guter Straße Richtung Drena. Nach Beginn der Steigung, etwas oberhalb der Sallagoni-Schluchtmündung, rechts Picknickplatz mit Parkmöglichkeit.

➚ **Zustieg** Beim Picknickareal Hinweis auf den Klettersteig. Auf einem Sandsträßchen rechts zu einem ENEL-Stollen, dann halbrechts kurz abwärts zu einem querführenden Weg und links zur Mündung der Klamm.

↑ **Sentiero attrezzato Rio Sallagoni**

An soliden Sicherungen über die glatte Einstiegswand schräg aufwärts, dann ein paar Meter über dem Wasser in die malerische Klamm. Eine nach außen hängende Querung strapaziert den Bizeps ganz ordentlich; gleich dahinter (!) kann man links über ein paar Eisenbügel aussteigen. Weiter vorwiegend »auf Eisen« durch die enge Schlucht, mit einem Spreizschritt an die gegenüberliegende Wand, dann unter einem Klemmblock hindurch und zum Ausstieg auf einen Fußweg. Der gabelt sich wenig später: rechts am Hang aufwärts, links übers Wasser und unter den Felsen hinauf zur Hängebrücke. Wouwwh!

Der Weiterweg schluchteinwärts verläuft durch eine Kulisse, die vor allem romantische Gemüter anspricht; einige Passagen, obwohl wenig schwierig, sind noch gesichert, einmal führt der Pfad durch einen engen Felsspalt. Auf einem Brücklein gehts erneut über den Rio Sallagoni. Die Spur steigt hinauf zur Burgmauer von Castel Drena; zuletzt steigt man über eine kleine Holztreppe direkt zum Schlosstor aus, *40 Min.*

➘ **Abstieg** Auf markiertem Weglein (»Passegiata«), die weiten Straßenschleifen abkürzend, hinunter zum Ausgangspunkt der Runde.

26 Via ferrata Ernesto »Che« Guevara

Monte Casale, 1632 m
Der Super-Ferrata über dem Sarcatal

 mittel

 8 Std.

 1380 m

Routencharakter: Extrem langer, aber nur mäßig schwieriger Klettersteig, landschaftlich einmalig! Hervorragende Sicherungen, im obersten Teil eine kurze, naturbelassene IIer Stelle. Die Route liegt voll in der Morgensonne – kein Wasser unterwegs! Abstieg ebenfalls teilweise gesichert, bei Nässe gefährlich steil (dann evtl. nach Comano absteigen).
Ausgangspunkt: Pietramurata (254 m).

Gehzeiten: Gesamt 8 Std.; »Ferrata Guevara« 5 Std., Abstieg über Rifugio Don Zio 3 Std.
Highlights: Der Klettersteig ist in allen Abschnitten ein einziges Highlight.
Einkehr: Rifugio Don Zio (1610 m), bewirtschaftet Mai bis Oktober an Wochenenden.
Fototipp: Ausreichend Filmmaterial mitnehmen!!

Tiefe, bodenlos: Blick vom Monte Casale auf den Toblinosee.

Die »Via Pisetta« mag der anspruchsvollste Klettersteig der Gardaseeregion sein, der »Che Guevara« ist ganz klar der schönste weitum. Da steht man an der Hauptstraße und guckt hinauf in den gigantischen, fast anderthalb Kilometer hohen Ostabsturz des Monte Casale, kriegt eine leichte Genickstarre dabei. »Unmöglich!« ist der erste Gedanke, »fantastisch!« der nächste. Und

26

Im unteren Abschnitt der »Ferrata Che Guevara«.

Superlative verdient die Ferrata tatsächlich; ein besonderes Kompliment gebührt allerdings Giorgio Bombardelli, der das scheinbar Unmögliche geschafft hat: eine nur mäßig schwierige Route durch diese Riesenwand zu legen, exponiert im Verlauf natürlich, steil auch und sehr lang. Wer gut drauf ist, keine Konditionsprobleme hat, wird die Tour als einen Genuss ohnegleichen erleben: la ferrata più bella del Garda!

➜ **Anfahrt** Pietramurata (254 m) liegt an der Straße zum Gardasee, 21 Kilometer von Trento, 20 Kilometer von Riva. Ausgangspunkt am nördlichen Ortsende, unweit der Brücke über die Sarca. Parkmöglichkeit an der Staatsstraße; Hinweise auf den Klettersteig.

Monte Casale

26

Licht des Südens, Zauber der Berge: Blick vom Monte Casale zum Gardasee.

↑ Via ferrata Che Guevara

26

Von der Straße über einen mächtigen, teilweise bewaldeten Geröllkegel, den Farbtupfern folgend, zum Einstieg (420 m). Nun den Sicherungen nach an dem gestuften Vorbau leicht hinauf zur Bait del Croz dei Pini (620 m). Ansteigend zu einer winzigen Scharte unmittelbar vor der Wand (675 m), dann an fix verankerten Drahtseilen im festen Fels aufwärts, Steilaufschwüngen ausweichend, bis zu dem markanten Band, das die Obergrenze des hellgrauen Kalkgesteins in der Wand markiert. Hier nach links, anschließend fast senkrecht über lange Bügelreihen am kompakten Fels aufwärts – große Kulisse, packende Tiefblicke! Weiter in weniger steilem Gelände (Wegspur) auf ein bewachsenes Band (Routenbuch, 1220 m). Links über eine breite Geröllrinne (Drahtseil) und im Unterholz bergan zu einer grasigen Terrasse. Anschließend mit Drahtseilhilfe über einen steilen Felsaufschwung; eine weitere felsige Passage (II) ist nicht mehr gesichert. An steilen Wiesenhängen weiter aufwärts, zuletzt durch eine Rinne (Drahtseil) auf den weiten Gipfelrücken des Monte Casale (1632 m) und hinüber zu dem schon lange sichtbaren Kreuz; *5 Std.*

Abstieg Über die Blumenwiesen zum nahen Rifugio Don Zio (1610 m), dann links auf einem Karrenweg, Markierung »411«, abwärts bis in die Senke des Busòn (1345 m); Wegzeiger »Pietramurata, 426«. An den durchlaufenden, zwischen Buchen gespannten Drahtseilen der »Ferratina del Rampin« über den extrem steilen Hang bergab (bei Nässe gefährlich!). Eine Eisenleiter entlässt einen schließlich ziemlich geschafft in das flachere Gelände der Costa di Massampiano. Etwas tiefer stößt man auf eine in Kehren verlaufende Forstpiste, die hinunter führt nach Pietramurata.

Links: an der »Ferrata Che Guevara«.

27

Via attrezzata Rino Pisetta

Dain Picol, 971 m
Das Maß aller Dinge

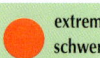

**extrem
schwer**

5 Std.

720 m

Routencharakter: Ganz klar das Maß aller (Klettersteig-)Dinge der Region, wesentlich anspruchsvoller als der »Monte Albano«. Die steile, extrem ausgesetzte Route ist bloß mit einem durchlaufenden Drahtseil gesichert, keine künstlichen Tritte. Wer am Einstieg Probleme bekommt, sollte auf jeden Fall umkehren – es wird nach oben hin nicht leichter!

Ausgangspunkt: Sarche (259 m).
Gehzeiten: Gesamt 5 Std.; Zustieg 1 Std. »Via Pisetta« 2 ¹/₂ Std., Abstieg 1 ¹/₂ Std.
Highlights: Unterwegs sein in einer Route des V. Schwierigkeitsgrades – wenn auch am Drahtseil.
Einkehr: In Ranzo (746 m).
Fototipp: Action am Klettersteig, Tiefblicke auf den Toblinosee.

Neben dem Dain Alt (Monte Casale, 1632 m) wirkt der Dain Picol (Monte Garzolè, 971 m) ja recht mickrig, trotz seiner senkrechten Felsstirn, doch Insider wissen natürlich, dass hier (wie so oft) der Schein trügt: Die »Via attrezzata Rino Pisetta«, vor bald zwanzig Jahren (1982) eröffnet, ist der Prüfstein schlechthin für alle, die zu den »Esperti« der Zunft gehören möchten – man muss sie einfach gemacht haben. So manche/r ist allerdings schon am Berg (und seinen Ansprüchen) gescheitert, hat vorzei-

Steiler Zacken über dem Sarcatal: der Dain Picol.

27

tig die Segel gestrichen. Klettererfahrene sind hier eindeutig im Vorteil, bietet die logisch angelegte Route doch fast überall kleine Tritte und Griffe in bestem Fels. Wers richtig macht, spart also viel Kraft, hat auch mehr Muße, die faszinierenden Tiefblicke auf Sarche und zum Toblinosee zu genießen.

Solo per esperti: die »Via Pisetta«.

→ **Anfahrt** Sarche (259 m) liegt an der Straße zum Gardasee, 19 Kilometer von Trento, 22 Kilometer von Riva. Parkplatz.

↗ **Zustieg** Vom Parkplatz (großes Hinweisschild an der Straße), vorbei an einer riesigen Steineiche, auf einem Zickzackweg bergan, zuletzt über Geröll und ein paar leichte Felsen hinauf zum Einstieg (570 m).

↑ **Via attrezzata Rino Pisetta**

Der Auftakt – senkrecht und trittarm – sorgt gleich für eine Selektion: Wer hier bereits Probleme hat, sollte vernünftigerweise das signalisierte Angebot zum Rückzug (»Rientro d'emergenza«) nicht ausschlagen, nehmen die Anforderungen doch nach oben hin eher noch zu. Für besonderen Nervenkitzel sorgt eine praktisch trittlose Querung; atemberaubend dabei der Tiefblick auf die Häuser und Obstgärten von Sarche. Kaum weniger luftig, aber erheblich anstrengender sind dann die folgenden 50 Meter im Steilfels, nur kurz unterbrochen von einer winzigen, bewachsenen Kanzel; dann lehnt sich die

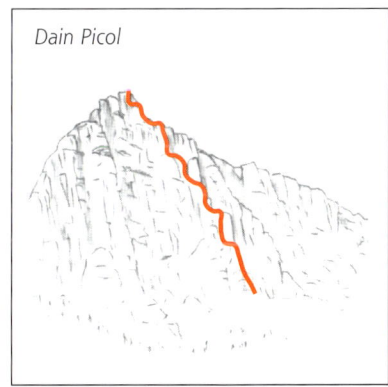

Dain Picol

27

Steil und extrem ausgesetzt: die Spitzenroute am Dain Picol.

Wand etwas zurück, und durch eine Rinne gewinnt man eine komfortable Terrasse (ca. 760 m), die zu einer Verschnaufpause einlädt. Nach einer kurzen, aber luftigen Linkstraverse folgen an einem Pfeiler nochmals etwa 120 Meter nahe der Vertikale, dann sind die Hauptschwierigkeiten geschafft. Im »Libro della via« wird die erfolgreiche Begehung der »Pisetta« vermerkt; anschließend steigt man vergleichsweise gemütlich hinauf zum Gipfelgrat und über ihn zum höchsten Punkt; *2 1/2 Std.*

Abstieg Am breiten Nordrücken des Dain Picol bergab gegen Ranzo (746 m). Vor dem Dorf links (Hinweis) zur Kapelle San Vi-

gilio (719 m) in hübscher Lage hoch über der wilden Sar-
caschlucht. Auf einer Mulattiera abwärts zu einer Rechtskehre,
hier geradeaus und auf schmalem Pfad weiter hinunter zu einer
Forstpiste. Man folgt ihr ein Stück weit, verlässt sie dann nach
rechts und steigt ab zum Pisetta-Zustieg (ca. 480 m). Auf ihm hinunter nach Sarche.

27

*Der
Toblinosee.*

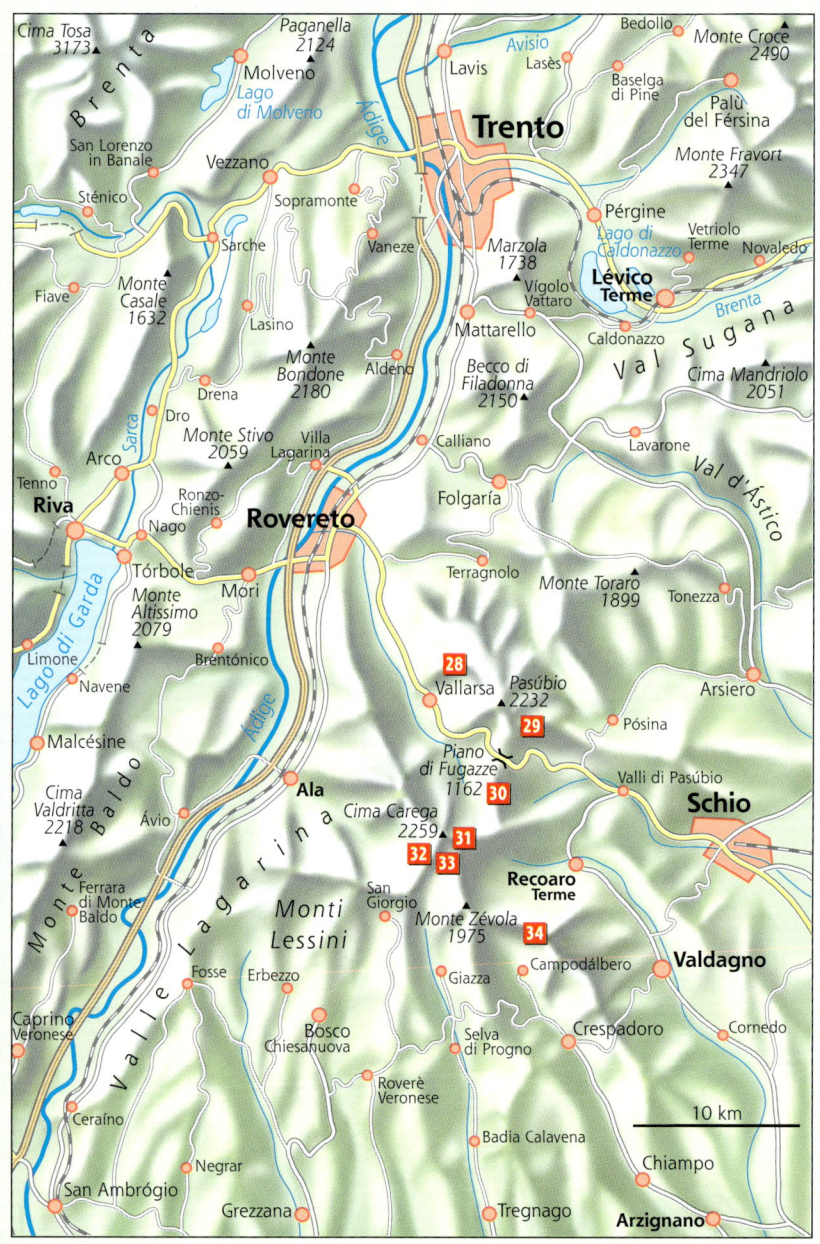

Cima Tosa 3173
Brenta
Paganella 2124
Bedollo
Monte Croce 2490
Molveno
Lago di Molveno
Avisio
Lasès
Lavis
Baselga di Pine
Palù del Férsina
San Lorenzo in Banale
Adige
Trento
Monte Fravort 2347
Vezzano
Sopramonte
Pérgine
Vetriolo Terme
Novaledo
Sténico
Vaneze
Marzola 1738
Lago di Caldonazzo
Lévico Terme
Sarche
Vígolo Vattaro
Fiave
Monte Casale 1632
Mattarello
Caldonazzo
Brenta
Val Sugana
Lasino
Drena
Monte Bondone 2180
Aldeno
Becco di Filadonna 2150
Cima Mandriolo 2051
Val d'Ástico
Dro
Monte Stivo 2059
Villa Lagarina
Calliano
Lavarone
Sarca
Arco
Ronzo-Chienis
Folgaría
Tenno
Riva
Nago
Rovereto
Terragnolo
Monte Toraro 1899
Tonezza
Tórbole
Mori
Monte Altissimo 2079
Lago di Garda
Bréntónico
28 Vallarsa
Pasúbio 2232
Arsiero
Limone
Navene
Adige
29
Pósina
Malcésine
Piano di Fugazze 1162
30
Valli di Pasúbio
Schio
Cima Valdritta 2218
Ala
Ávio
Cima Carega 2259
31
32 **33**
Recoaro Terme
Monte Baldo
San Giorgio
Monte Zévola 1975
34
Valdagno
Valle Lagarina
Monti Lessini
Giazza
Campodálbero
Cornedo
Ferrara di Monte Baldo
Fosse
Erbezzo
Selva di Progno
Crespadoro
Caprino Veronese
Bosco Chiesanuova
Roverè Veronese
10 km
Ceraíno
Badia Calavena
Chiampo
Negrar
San Ambrógio
Grezzana
Tregnago
Arzignano

Pasubio und Monti Lessini

Die Jungs mit den schweren Maschinen haben sie längst entdeckt, die Berge (und Serpentinenstraßen) zwischen dem unteren Etschtal (Val Lagarina) und Vicenza; für die meisten Wanderer und Klettersteigler hierzulande sind Pasubio und Monti Lessini allerdings immer noch »terra incognita«. Zu Unrecht, bietet diese Bergregion am Südsaum der Alpen doch eine Fülle herrlicher Tourenmöglichkeiten, und im Frühsommer blüht es hier besonders üppig. Nicht zu Unrecht werden die Zacken über dem Passo Pian delle Fugazze als »Piccole Dolomiti« bezeichnet: Dolomitenzauber im Hinterland von Verona. Und dazu gehören – natürlich! – auch ein paar schöne Vie ferrate, die teilweise allerdings unheilige Väter haben, auf den Ersten Weltkrieg zurückgehen (noch eine Parallele), wie beispielsweise der »Sentiero Galli« (⇨ Tour 28) oder der »Sengio-Alto-Höhenweg« (⇨ Tour 30). Grandiose Landschaftsbilder vermittelt der »Sentiero Falcipieri« (⇨ Tour 29), der über fünf Gipfel am Pasubio führt, ein richtiger Abenteuerpfad ist der »Sentiero Pojesi« am Caregastock (⇨ Tour 32). Und sogar für Akrobaten mit dickem Bizeps gibt es eine echte Herausforderung: die 100-Meter-Vertikale der »Ferrata Biasin« (⇨ Tour 33).

Am Fumante-Kamm, Blick zum Pasubio.

28 Sentiero Franco Galli

Corno Battisti, 1761 m
Gipfeltour am Rand des Pasubiomassivs

 leicht

 5¾ Std.

 1200 m

Routencharakter: Interessante Gipfelrunde auf alten Kriegssteigen und -stollen; leicht, Taschen- oder Stirnlampe empfehlenswert. Im Frühsommer einmalige Flora.
Ausgangspunkt: Angébeni (632 m) im Vallarsa.
Gehzeiten: Gesamt 5 ¾ Std., Aufstieg 3 ½ Std., Abstieg 2 ¼ Std.

Highlights: Stollen am Corno Battisti, Blumen.
Einkehr: keine.
Fototipp: Viele gute Motive am Anstieg, Blitzgerät vorteilhaft (Tunnels). Beim Abstieg kommt dann mehr die Vorsatzlinse zum Einsatz: Fiori!

*Alter Kriegs-
stollen am
»Sentiero
Galli«.*

Er ist kein Berg wie jeder andere, der Monte Corno Battisti, doch das hat weniger mit seiner beherrschenden Position über dem mittleren Vallarsa zu tun, sondern historische Gründe. In der Nähe des Gipfels, am namenlosen Punkt 1778 auf der Karte des I.G.M., wurde im Juli 1916 Cesare Battisti von den Österreichern gefangen genommen. Battisti, Trentiner Patriot und treibende Kraft in der Bewegung der Irridenta, die für den Anschluss »unerlöster italienischer Volkstumsgebiete« an Italien kämpfte, kam vor ein Militärgericht, das ihn als Deserteur zum Tode verurteilte. So wurde er zum Volkshelden, und der Corno di Vallarsa erhielt einen neuen Namen. Der markante Felsgipfel war während des Er-

sten Weltkrieges stark befestigt; der 1987 markierte und abschnittweise gesicherte »Sentiero Galli« folgt auch weitgehend alten Kriegssteigen und -stollen und ermöglicht so eine interessante Überschreitung des Bergstocks.

➡ **Anfahrt** Das Dörfchen Anghébeni (632 m) liegt im Vallarsa, an der Straße zum Passo Pian delle Fugazze, 15 km von Rovereto. Parkplatz (649 m) am südlichen Ortsrand neben der Schule.

↗ **Zustieg** Von Anghébeni auf einem ehemaligen Kriegssträßchen ins Valle di Foxi. Nach einem Kilometer (Tafel) links ab, gleich wieder links (kein Hinweis!) und im Wald steil bergan durch das Val di Grobe, erst als Ziehweg, dann als schmale Zick-

Ein kurzer, gesicherter Abstecher führt zum einst befestigten Felsturm von Pulcinella.

28

zackspur. Bei einer Hütte wendet sich der Weg nach links gegen den Monte Trappola (1421 m). Am Grat stößt man zunächst auf einen Alternativzustieg von Anghébeni, wenig weiter auf den von Valmórbia (643 m) heraufkommenden Steig.

↑ **Sentiero Franco Galli**

Links vom Grat in eine Steilrinne, die man am Drahtseil durchsteigt, dann in den ersten Tunnel. Höher am Grat, nach einer gesicherten Passage, folgt der zweite kurze Stollen (kann umgangen werden), wenig weiter weist ein Schild nach links zur ehemaligen Stellung am Felsturm Pulcinella (lohnender kleiner Abstecher; Treppe, Drahtseile). Am »Sentiero Galli« weiter zur winzi-

Wegbauer anno 1915.

gen Selletta del Trappo-
la, gleich dahinter am
Felsfuß links aufwärts zu
einem kurzen Tunnel.
Man verlässt ihn über
ein paar zementierte
Stufen und quert hinaus
in den Canalone Battisti.
Aufwärts bis zum An-
satzpunkt der markanten
Terrassse, die Vor- und
Hauptgipfel des Corno
Battisti trennt. Hier
durch das »Löwenmaul«
(Bocca di Leone) in eine
gut 300 Meter lange,
steile Galerie. Sie hat(te)
zwei Ausgänge: der
oberste ist verschüttet,
doch kann man über ei-
nen Nebenstollen, der
zunächst steil abwärts
führt, aussteigen. Wer
keine Lampe dabei hat,
verlässt den Tunnel be-
reits vorher nach links

Luftiges Band am »Sentiero Galli«.

über ein gesichertes Band zum Ansatzpunkt der Battisti-Rinne.
Mit Drahtseilsicherung leicht bergan zu einer Felswand, an
ihrem Fuß nach links und in Serpentinen in die Selletta Battisti
(1718 m). Rechts in zehn Minuten zum Gipfel des Corno Battisti
(1761 m).

↘ **Abstieg** Aus der Gratsenke zu einer Weggabelung (Gedenk-
stätte für Cesare Battisti), dann, dem Hinweis »Rif. Lancia« folgend, kurz an-, dann wieder absteigend, am Kammrücken in die
Bocchetta di Foxi (1720 m). Rechts auf einem Militärweg in vielen Serpentinen hinunter ins Valle di Foxi und auf der Schotterpiste zurück nach Anghébeni. Im Frühsommer üppige Flora, u.a.
das äußerst seltene Gelbe Waldvögelein.

29

Sentiero attrezzato Gaetano Falcipieri (Sentiero delle cinque Cime)

Cimòn del Soglio Rosso, 2040 m
Fünf Gipfel und 52 Tunnel: die große Runde am Pasubio

 mittel

 7¾ Std.

 1100 m

Routencharakter: Sehr lange, stark der Sonne ausgesetzte Kammüberschreitung. Nur mäßig schwierig, aber ein Test für die Kondition. Die Tour lässt sich etwas verkürzen, wenn man die Überschreitung am Passo di Fontana d'Oro abbricht; Gehzeit dann 5 ¾ Std.
Ausgangspunkt: Bocchetta di Camiglia (1216 m) am Ostfuß des Pasubiostocks.
Gehzeiten: Gesamt 7 ¾ Std.; »Sentiero Falcipieri« 5 ½ Std., Abstieg über die »Strada delle 52 Gallerie« 2 ¼ Std.
Highlights: Kernstück der Route mit der langen Leiter, die »Strada delle 52 Gallerie« – und im Frühsommer: Blumen, Blumen ...
Einkehr: Rifugio Papa (1928 m), bewirtschaftet Mitte Juni bis Mitte September, außerhalb der Saison an Wochenenden.
Fototipp: siehe »Highlights«!

Pasubio. Ein Berg mit Geschichte, trauriger allerdings. Das Kalkmassiv südöstlich von Rovereto war im Ersten Weltkrieg ein Angelpunkt der Alpenfront und entsprechend verbissen wurde hier

An der Guglia del Bovolo. gekämpft, um jeden Buckel, jede Scharte, ja sogar im Bergesinnern: Man versuchte, die gegnerischen Stellungen zu untergraben und dann in die Luft zu sprengen. So geschehen am 13. März 1916, als die Kaiserjäger rund 50 000 Kilogramm Dynamit unter der Gipfelstellung der Alpini zur Zündung brachten.

Der Kanonendonner ist längst verhallt, unübersehbar sind aber auch heute noch die Kriegsspuren, vor allem natürlich im Gipfelbereich (Cima Palòn, 2232 m), seit 1922

»Zona Sacra«. Wie ein Spinnennetz überziehen Front- und Ver-
sorgungswege das Massiv. Dem Nachschub diente auch die
»Strada delle 52 Gallerie«, die während des Krieges von italienischen Genietruppen erbaut wurde: 6,5 Kilometer lang mit
Höchststeigungen von 22 Prozent, einem halben Hundert Tunnels, von denen zwei spiralförmig verlaufen, über weite Strecke
dem Steilfels abgerungen – einer der kühnsten Straßenzüge der
Alpen! Er folgt dem Forni-Alti-Kamm von der Bocchetta Campiglia (1216 m) bis zur Porte del Pasubio (1928 m) – keine »Auto-
strada«, aber noch gut begehbar. Taschenlampe nicht vergessen,
denn Tunnel 19 ist immerhin 370 Meter lang!
Sozusagen »ein Stockwerk höher«, unmittelbar am Grat, verläuft
der »Sentiero Falcipieri«, ein teilweise gesicherter, großartiger

*Abendlicht
über der
»Strada delle
Gallerie«.*

Im Herbst ist die Tour über die fünf Zinnen besonders schön. Aussichtsweg über die fünf Gipfel des Forni-Alti-Kamms: Bella Laita (1881 m), Cima Cuaro (1939 m), Monte Forni Alti (2023 m), Cimòn del Soglio Rosso (2040 m), Cima dell'Osservatorio (2027 m): lang, aber nie langweilig. Faszinierend die Tiefblicke ins Val Léogra, einmalig das frühsommerliche Blumenmeer am Kamm. Längere gesicherte Abschnitte hat man beim Anstieg zur Bella Laita, mit der einzigen Leiter am Gratzacken der Guglia del Bo-

volo, und am Monte Forni Alti. Da »Strada« und Klettersteig den gleichen Ausgangs- und Endpunkt besitzen, an der Porte del Pasubio freundlicherweise ein (im Sommer bewirtschaftetes) Haus steht, ergibt sich eine Idealrunde mit ungewöhnlich reizvollem Abstieg. Besonders stimmungsvoll ist die Tour im Herbst, wenn Nebel in den Tälern hängt, auf den Höhen aber die Sonne strahlt und alles in weiche Farben taucht.

→ **Anfahrt** Der Passo Pian delle Fugazze (1162 m) verbindet die Täler von Vallarsa und Léogra, 23 km von Rovereto auf der gut ausgebauten, aber ungewöhnlich kurvenreichen Strada Statale No. 46. Jenseits der Passhöhe hinab bis zur Ponte Verde (901 m), dann auf schmaler Asphaltstraße leicht ansteigend in den Colle Xomo (1058 m). Hier links auf der »Strada degli Scarubbi« bergan zur Bocchetta Campiglia (1216 m). Wanderparkplätze.

↑ **Sentiero Falcipieri (Sentiero delle cinque Cime)**

Aus der Scharte gleich steil, aber schattig bergan. Nach etwa einer Viertelstunde taucht das erste Drahtseil auf, etwas höher am Kamm verlangt ein enger, steiler Kamin mit Fixseil kräftigen Armzug. Anschließend am Grat weiter; erster Zwischenabstieg zur »Strada delle Gallerie«, am Fuß des Guglia del Bovolo nochmals Hinweis auf die Tunnelstraße. Über gestufte Felsen (Drahtseile) zum Turmfuß, dann auf einer etwa 12 Metern hohen Eisenleiter senkrecht auf ein sehr schmales Band, luftig nach rechts hinaus und an der Nordseite des Kamms mit Drahtseilhilfe über steile Felsen auf einen latschenbewachsenen Hang und zurück zum Grat. An ihm leicht

29 auf die Bella Laita (1881 m), dann mit einer kurzen gesicherten Passage hinüber zur Cima Cuaro (1939 m). Dahinter über zwei steile Felsstufen mit Seilhilfe etwas heikel hinab in die Forcella Camossara (1885 m; links Zwischenabstieg über Geröll zur »Strada« möglich).

Gut gesichert über die felsige Ostflanke des Monte Forni Alti (2023 m), von dessen Gipfel man ein weites Panorama genießt. Faszinierend der Tiefblick in die wilden Gräben an der Südflanke des Berges mit seinen bizarren Felszacken.

Nach kurzem Abstieg, in der weiten Wiesensenke des Passo di Fontana d'Oro (1875 m), *4 Std.*, stößt man auf die »Strada delle Gallerie«. Parallel zur Tunnelstraße am Grat entlang, dann über einen kurzen gesicherten Aufschwung auf den Ostrücken des Cimòn del Soglio Rosso (2040 m). Nochmals abwärts bis in Straßennähe, anschließend ein letztes Mal kurz bergan zur Cima

Fast wie auf Brenta-Bändern: an der »Strada delle 52 Gallerie«.

Fester Fels, straff gespanntes Drahtseil: am »Sentiero delle cinque Cime«.

dell'Osservatorio (2027 m), einst ein Beobachtungsposten. Heute schaut man nicht mehr auf den Feind, sondern durch kleine Guckröhrchen auf ferne Gipfel.

Über den Blockgrat abwärts, dann auf guter Spur zur Porte del Pasubio. Wenige Schritte weiter, an der »Strada degli Eroi«, steht das Rifugio Papa (1928 m).

↘ Strada delle 52 Gallerie

Der Abstieg zur Bocchetta Campiglia ist ein echter Hit, man wandert an bodenlosen Abgründen entlang, tastet sich durch dunkle Löcher, steigt schließlich über Serpentinen hinunter zum Ausgangspunkt der großen Runde. Da bleibt dann nur eine Frage: Was hat mehr Spaß gemacht, der Klettersteig oder die Tunnelstraße?

30 Sentiero del Sengio Alto

Monte Cornetto, 1899 m
Auf alten Kriegswegen

 leicht

 5¾ Std.

 950 m

Routencharakter: Ehemaliger italienischer Nachschubweg, abenteuerlich ins steile Felsgelände am Sengio-Alto-Kamm trassiert. Mehrere Tunnels und ein paar leichte gesicherte Passagen.

Ausgangspunkt: Passo Pian delle Fugazze (1162 m).

Gehzeiten: Gesamt 5 ¾ Std.; Passo Pian delle Fugazze – Cornetto 2 ½ Std., Cornetto – Rifugio Campogrosso 2 Std., Rifugio Campogrosso – Passo Pian delle Fugazze 1 ¼ Std.

Highlights: Wegverlauf insgesamt mitten in der bizarren Kulisse des Sengio-Alto-Kamms.

Einkehr: Rifugio Campogrosso (1443 m), bewirtschaftet Mai bis September, im Oktober jedoch nur an Wochenenden.

Fototipp: Weg plus Fels: Motive ohne Zahl.

Natürlich ist der Monte Cornetto (1899 m) keineswegs nur ein »Hörnchen«, wie sein Name suggeriert, obwohl er, was die Höhe betrifft, weder mit dem Pasubio noch mit dem Caregastock konkurrieren kann. Die nähere Umgebung des Passo Pian delle Fugazze dominiert er allerdings locker: ein schroffer Felsgipfel, aus dessen Flanken zahlreiche Türme – groß und klein, dick und dünn – emporragen. Noch mehr bizarre Felsbauten stehen weiter südlich im Sengio-Alto-Kamm: Drei Apostel (1743 m), Monte Baffelàn (1793

m), schließlich die Sisilla (1621 m), die über eine senkrechte Wand zum weiten Wiesengelände des Passo di Campogrosso (1464 m) abfällt.

Sehr beliebt ist die Überschreitung der filigran gebauten Bergkette vom Pian delle Fugazze zum Campogrosso auf ehemaligen Kriegssteigen. Der kühn in die Westabstürze des Cornetto trassierte »Sentiero d'arroccamento« ist ein kleines Gegenstück zur »Strada delle 52 Gallerie« (⇨ Tour 29) drüben am Pasubio, und auch bei der Wanderung am Sengio-Alto-Kamm kommt garantiert keine Langeweile auf!

➔ **Anfahrt** Der Passo Pian delle Fugazze (1162 m) verbindet die Täler von Vallarsa und Léogra, 23 km von Rovereto auf der gut ausgebauten, aber ungewöhnlich kurvenreichen Strada Statale No. 46. Im Bereich der Passhöhe große Wanderparkplätze.

↗ **Zugang** Vom Pian delle Fugazze (1162 m) kurz über Wiesen *Am »Sentiero*
zur Malga Morbi (1207 m), dann im Wald auf ordentlichem Weg *d'arrocca-*
schattig bergan zu einer winzigen Scharte im Nordwestgrat des *mento«.*
Cornetto (Selletta Nord-Ovest, 1611 m).

30

↑ Sentiero d'arroccamento

Der Einstieg zu dieser »Strada delle Gallerie« befindet sich gleich hinter der Selletta; der kunstvoll trassierte Weg verläuft leicht ansteigend durch die senkrechten Felsabstürze über der Alm Bofetàl. »Brenta-Bänder« wechseln dabei mit Tunnels ab; dass der ehemalige Nachschubweg (= arroccamento) auch heute noch in Stand gehalten wird, beweist ein (an den Fels geketteter) Schubkarren. Faszinierend die Aus- und Tiefblicke; ein düsterer Felswinkel wird mit Kettenhilfe passiert. Aus einer winzigen Scharte quert der Weg in die Cornetto-Südwestschlucht. Steil über gestufte Felsen bergan, dann rechts aus der Klamm heraus in den nahen Passo dei Onari (1772 m, Wegzeiger).

↑ Monte Cornetto

Der Gipfelweg führt zunächst links aufwärts gegen die Felsen, dann durch kurze Tunnels mäßig ansteigend in die Forcella del Cornetto (1825 m), wo der Ostanstieg mündet. An Ketten über eine Felsrampe, dann in einem Bogen links in eine kurze Rinne, die auf eine winzige Scharte mündet. Dahinter stößt man auf den direkt von der Selletta Nord-Ovest (siehe oben) heraufkommenden Weg. Zum Gipfelaufbau und über Schrofen zum großen Kreuz.

↑ Sentiero del Sengio Alto

Am Passo Onari (1772 m) beginnt die Kammüberschreitung zum Passo di Campogrosso. Der gut markierte Weg verläuft, zunächst an Höhe verlierend, auf der Ostseite des Sengio Alto, tangiert dabei aber wiederholt kleine Gratsenken wie den Passo dei Formigari und den Passo delle Giare Bianche (1675 m); mehrfach verschwindet der Pfad kurz im Berg. Auf bequemen Bändern wandert man durch die Steilabstürze der Tre Apóstoli; über zwei Unterbrechungsstellen helfen solide Ketten hinweg. Am Passo del Baffelàn (1661 m) doppelte Verzweigung; man nimmt den mittleren Weg, der ansteigend in eine Block- und

30

Geröllrinne (I-II) führt. Mühsam hinauf in die Forcella del Baffelàn (1738 m), wo sich bei guter Sicht der kleine »Seitensprung« zum Monte Baffelàn (1793 m) anbietet: gestufte Felsen, eine Stelle streift den Schwierigkeitsgrad II, 10 Minuten. Das Kreuz am Gipfel wird Ferratisti besonders ansprechen, ist es doch einer Leiter nachempfunden ...

Am Weg 14 von der Forcella del Baffelàn kurz hinunter in den Passo di Gane (1704 m), an der Weggabelung links und dann kurz bergan zur Westschulter der Cima delle Ofre (1780 m). Dahinter abwärts und flach hinaus zum Rifugio Campogrosso (1443 m).

↘ **Abstieg** Entweder auf der Straße oder (schöner!) mit einer kleinen Gegensteigung über die blumenreichen Almböden westlich unter dem Baffelàn zur Malga Baffelàn (1435 m) und hinunter zur Straße. Auf ihr zurück zum Passo Pian delle Fugazze.

Gut besucht: der Gipfel des Cornetto.

31

Via ferrata Carlo Campalani

Cima Carega, 2259 m
Auf einen Spitzen-Aussichtsberg

 mittel

 5 1/4 Std.

920 m

Routencharakter: Klettersteig am Südostgrat der Cima Carega, mit Ausnahme der Einstiegswand (sparsam gesichert, ausgesetzt) nur wenig schwierig.
Ausgangspunkt: Rifugio Revolto (1336 m) im obersten Valle d'Illasi.
Gehzeiten: Gesamt 5 1/4 Std.; Rifugio Revolto – Einstieg 2 1/4 Std., »Ferrata Campalani« 1 Std., Abstieg 2 Std.
Highlights: Bei schönem Wetter das

Panorama von der Cima Carega.
Einkehr: Rifugio Fraccaroli (2238 m), bewirtschaftet Mitte Juni bis Mitte September. Rifugio Scalorbi (1767 m), bewirtschaftet Mitte Juni bis Mitte September. Rifugio Passo Pértica (1522 m), bewirtschaftet Juni bis September, außerhalb der Saison an Wochenenden.
Fototipp: Einstiegswandl der »Campalani«, Panorama.

Auch der höchste Gipfel der Monti Lessini, die Cima Carega (2259 m), hat ihren Klettersteig, eine Route mittlerer Schwierigkeit, nicht sehr lang und auch ohne spektakuläre Passagen, sieht man vom senkrechten Einstieg einmal ab, der bloß mit ein paar Haken ausgestattet ist und Ungeübteren deshalb schon Probleme bereiten kann. Das ist jeweils an Schönwetterwochenenden zu

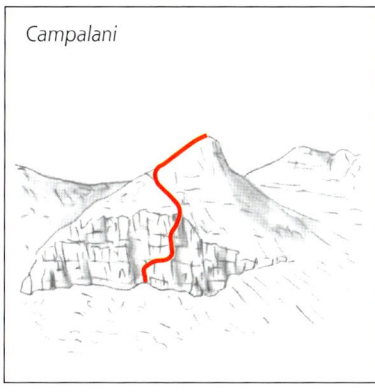

Campalani

31

beobachten, wenn Gelegenheitsalpinisten aus der Veroneser Gegend anrücken und ihr Können beweisen wollen ...

Drei Sternchen verdient bei schönem Wetter das Panorama der Cima Carega, das (theoretisch) nach Westen bis zu den Viertausendern der Walliser Alpen reicht! Die nördliche Horizontlinie bilden Bernina, Adamello-Presanella, Brenta, Stubaier, Sarntaler und Zillertaler Alpen, Lagoraiberge und Dolomiten, im Süden breitet sich (meistens im Dunst verschwimmend) die Poebene aus. Aufschlussreich (und für Klettersteiger besonders interessant) ist der Blick in die Nachbarschaft, zum Sengio-Alto-Kamm (⇨ Tour 30) und auf den Pasubiostock (⇨ Touren 28, 29).

Gipfelhütte: das Rifugio Fraccaroli mit der Cima Carega.

Diagonal durch die Wand links verläuft die »Ferrata Campalani«.

→ **Anfahrt** Zum Rifugio Revolto (1336 m) kommt man auf guter Straße durch das Valle d'Illasi, von Tregnano (317 m) 25 Kilometer. Weiterfahrt zum Rifugio Passo Pértica nicht gestattet (Sperrschranke).

↗ **Zustieg** Auf der ehemaligen Kriegsstraße zum Passo Pertica (1522 m) und weiter zum Rifugio Scalorbi (1767 m). Noch vor der Hütte links ab und der Markierung »112« folgend etwa 20 Minuten über steinige Wiesen aufwärts gegen den Vallon della Teleferica. Hier links (Bezeichnung »C«) über Geröll zum Einstieg (ca. 2050 m).

↑ **Via ferrata Campalani**
Schlüsselstelle ist die Einstiegswand: Mit Hilfe einiger künstlicher Tritte und Griffe etwa zehn Meter senkrecht auf einen Absatz, dann am Drahtseil steil in leichteres Gelände. Weiter über gestuf-

31

te Felsen und durch einen Kamin zum Ausstieg am Südostgrat der Cima Carega. Auf gutem Steiglein über den Vorgip-
fel (2234 m), flach hinüber
zum Rifugio Fraccaroli (2238
m) und in fünf Minuten zur
großen Aussicht beim Kreuz
auf der Cima Carega (2259 m);
1 Std.

↘ **Abstieg** Auf einem ehemaligen Kriegsweg in Serpentinen
bergab gegen die Bocchetta

Tipp Landschaftlich abwechslungsrei-
cher ist die Besteigung der Cima
Carega vom Passo di Campogrosso (1464 m) aus. Der »**Sentiero Alto del Fumante**«, Markierung 6, führt quer durch eine
bizarre Felsszenerie zum Rifugio
Scalorbi (1767 m). Weiterer Aufstieg zum Gipfel über die »Ferrata Campalani« wie beschrie-
ben; Abstieg in die Bocchetta
Mosca (2029 m) und am Kamm
zur Bocchetta dei Fondi (2015
m). Hier nördwärts durch ein
steiles Kar im Zickzack hinunter
zum Boale dei Fondi und zurück
zum Passo di Campogrosso,
8 Std.

Mosca (2029 m), dann rechtshaltend hinunter zum Rifugio Scalorbi (1767 m). Auf der Straße zum Passo Pértica (1522 m) und
zurück zum Rifugio Revolto.

*Eine der zahl-
reichen Hüt-
ten am Ca-
regastock:
das Rifugio
Scalorbi.*

32 Sentiero alpinistico Angelo Pojesi

Costa Media, 2098 m
Abenteuerpfad am Südrand der Alpen

mittel

5½ Std.

1000 m

Routencharakter: Einzigartiger Abenteuerpfad: viel Natur, dazu längere gesicherte Strecken. Selten begangen, auf den Bändern in der Westflanke der Cengia di Pértica Steinschlaggefahr, vor allem nach Regenfällen.
Ausgangspunkt: Rifugio Revolto (1336 m) im obersten Valle d'Illasi.
Gehzeiten: Gesamt 5 ½ Std.; Rifugio Revolto – Rifugio Passo Pértica ¾ Std., »Sentiero Pojesi« – Costa Media 3 Std., Abstieg 1 ¾ Std.

Highlights: Wildromantische Kulisse über dem innersten Val Ronchi, Edelweißwiesen an der Costa Media.
Einkehr: Rifugio Passo Pértica (1522 m), bewirtschaftet Juni bis September, außerhalb der Saison an Wochenenden.
Fototipp: Zahlreiche Motive am Klettersteig, von idyllisch bis Action, gute Lichtverhältnisse am Nachmittag. Blumen!

Von den Klettersteigen in den Piccole Dolomiti ist mir der »Sentiero Pojesi« (früher »Sentiero Battisti«) der liebste: kein Kraftakt wie die »Biasin« (⇨ Tour 33) und viel länger als die »Campalani«

Gut gesicherte Passage im oberen Teil des »Sentiero Pojesi«.

(⇨ Tour 31), ein spannender Weg abseits der ausgetretenen Pfade. Da kann man leicht die Zeit vergessen, die »Schaupausen« werden immer länger, weil das Auge mit den Beinen nicht Schritt halten kann. Die richtige Route für Naturfreunde mit ordentlicher Kondition, denn weit ist er halt auch, der »Pojesi«. Vor allem dann, wenn man ihn mit einer Überschreitung der Cima Carega (2259 m) verbindet und anschließend vom höchsten Punkt der Monti Lessini über die »Ferrata Campalani« (⇨ Tour 31) absteigt, 7 1/2 Std.: das ganz große Bergerlebnis in den Vicentiner Voralpen!

➔ **Anfahrt** Zum Rifugio Revolto (1336 m) kommt man auf guter Straße durch das Valle d'Illasi, von Tregnano (317 m) 25 Kilometer. Weiterfahrt zum Rifugio Passo Pértica nicht gestattet (Sperrschranke).

Keine Steine lostreten! Das gilt nicht nur für den »Sentiero Pojesi«.

↗ **Zustieg** Auf der alten Militärstraße zum Passo Pértica (1522 m) mit dem gleichnamigen Rifugio.

↑ **Sentiero alpinistico Angelo Pojesi**

Der Weg startet nur ein paar Meter hinter der Hütte (Tafel) und wendet sich gleich in die felsige Westflanke des Cengia di Pértica. Teilweise gesichert (Drahtseile) läuft er über horizontale Bänder quer durch die Steilabstürze; dabei bieten sich stimmungsvolle Tiefblicke ins waldige Val Ronchi und hinüber zum Monte Baldo. Im Rücken des Cengia di Pértica quert der »Sentiero Pojesi« leicht ansteigend einen von Felsmauern umgebenen Kessel. Anschließend führt er im Zickzack über einen Latschenhang aufwärts. Nach etwa 1 1/2 Stunden gewinnt man eine kleine Kuppe in der Südwestflanke der Costa Media (ca. 1810 m). Schöner Rastplatz; faszinierend der Blick in die zerschundenen, mit bizarren Nadeln besetzten Steilabstürze unterhalb der Malga Posta (1968 m). Von dem kleinen »Götterthron« leiten Drahtseile steil hinab und über ein Band zu einer Rinne. In ihr aufwärts, dann durch eine markante Verschneidung. Steilstufen sind durch Eisenbügel und Fixseile entschärft. Keine Steine lostreten, um Nachfolgende nicht zu gefährden! Schließlich läuft die Ferrata unter dem Kamm auf einem Edelweißhang aus; *3 Std.*

↗ **Cima Carega**

Wer die Tour zur Cima Carega (2259 m) fortsetzen will, folgt dem Gratweg, Markierung »108«, in leichtem Auf und Ab über die Selletta Costa Media und die Cima Madonnina (2109 m) zum Rifugio Fraccaroli (2238 m), 1 Std. bis zum Gipfel. Abstieg über die »Ferrata Campalani« ⇨ Tour 31.

↘ **Abstieg** Auf der Costa Media (2098 m) biegt man rechts in die »Via delle Creste« ein, Markierung »108«. Der Weg führt durch die Ostflanke des Kamms über viele Serpentinen, teilweise jedoch etwas rau, hinunter zur alten Militärstraße. Auf ihr dann zurück zum Passo Pértica.

Auf den Felsbändern des »Pojesi«.

32

Aufwärts! Im großen Cana-lone des »Sentiero Pojesi«.

33

Via ferrata Giancarlo Biasin

Cengia di Pértica, 1743 m
Kurz, aber kernig!

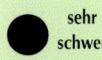
sehr
schwer

2½ Std.

400 m

Routencharakter: Sportklettersteig, ziemlich aufwändig gesichert (Eisenbügel, Haken, Fixseile), mit leicht überhängenden Passagen; sehr luftig! Am Einstieg kurze Passage (ungesichert) II.
Ausgangspunkt: Rifugio Revolto (1336 m) im obersten Illasital.
Gehzeiten: Gesamt 2 ½ Std.; Rifugio Revolto – Rifugio Passo Pértica ¾ Std., »Ferrata Biasin« – Cengia Pértica ¾ Std., Abstieg über die »Via delle Creste« 1 Std.
Highlights: Die luftige Turnerei an dem senkrechten Riss- bzw. Kaminsystem.
Einkehr: Rifugio Passo Pértica (1522 m), bewirtschaftet Juni bis September, außerhalb der Saison an Wochenenden.
Fototipp: Perspektive aufregend vertikal!

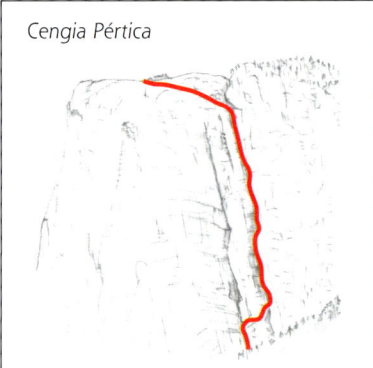

Cengia Pértica

Die »Ferrata Biasin«, 1964 durch die CAI-Sektion Verona angelegt, ist eindeutig etwas für die »Artisten« unter den Klettersteiglern. Auf den hundert Vertikalmetern braucht es einen guten Armzug, dazu etwas Wendigkeit (in dem teilweise sehr engen Kamin) und ein solides Nervenkostüm. Großes Gepäck ist dabei eher hinderlich, und wen am Einstieg schon Zweifel überfallen, ob er der Route auch gewachsen ist, der bricht die Übung besser rechtzeitig ab.

➡ **Anfahrt** Zum Rifugio Revolto (1336 m) kommt man auf guter Straße durch das Valle d'Illasi, von Tregnano (317 m) 25 Kilometer. Weiterfahrt zum Rifugio Passo Pértica nicht gestattet (Sperrschranke).

↗ **Zustieg** Auf der alten Militärstraße zum Passo Pértica (1522 m) mit dem gleichnamigen Rifugio.

↑ **Via ferrata Giancarlo Biasin** Vom Pass erreicht man auf steiler Spur in ein paar Minuten den Einstieg am Ansatzpunkt des vertikalen Kaminsystems (Tafel). Ungesichert (II) zum ersten Eisenbü-

Bei der Anfahrt kommt man im Valle d'Illasi durch das Dörfchen Giazza/Ljetzan (773 m), die letzte der einst »Dreizehn Kamäun von Bearn« (Dreizehn Gemeinden von Verona). In der relativen Abgeschiedenheit der Monti Lessini haben sich bis heute Reste der im 13. Jahrhundert eingewanderten deutschstämmigen Zimbern erhalten (vgl. bei Tour 6). Nachdem lange Zeit ein endgültiges Verschwinden des zimbrischen »teutsch« befürchtet werden musste, wird inzwischen in der Schule von Ljetzan der altdeutsche Dialekt wieder unterrichtet, und seit 1970 erscheint eine Zeitschrift. Ein kleines Museum im Kulturhaus informiert über Geschichte und Traditionen der Zimbern; ☺ Samstag und Sonntag 10-12, 15-18 Uhr.

gel, dann senkrecht, sogar leicht überhängend die ersten zehn Meter hinauf. Anschließend rechts über einen Felsabsatz und weiter in den 100-Meter-Kamin. Ihm folgt die »Biasin« bis zum Ausstieg, gut gesichert, aber weiterhin nahe der Vertikalen. Teilweise ist der Felsspalt so eng, dass ein vollgepackter Rucksack zum

Nur mit viel Krafteinsatz zu meistern: die Einstiegsmauer der »Ferrata Biasin«.

Der senkrechte Abbruch des Cengia Pértica.

Hindernis wird! Zuletzt weniger schwierig (Drahtseil) auf den abgeflachten Rücken des Cengia di Pértica; *3/4 Std.*

➘ **Abstieg** Kurz zurück, dann links auf einem Weglein über den latschenbewachsenen Osthang hinunter zur »Via delle Creste«, Markierung »108«, und zur Straße. Auf ihr dann zurück zum Passo Pértica und zum Ausgangspunkt.

Via ferrata Angelo Viali

Monte Gramolòn, 1814 m
Auf einen Hausberg der Veroneser

34

Routencharakter: Recht spektakuläre Klammroute, gut gesichert. Wenn mehrere Partien unterwegs sind, geht es allerdings kaum ohne Steinschlag ab. Vom »Sentiero Milani« kann man auch ohne Gipfel wieder zum Rifugio Bertagnoli absteigen, Gehzeit dann knapp 2 Std.
Ausgangspunkt: Rifugio Bertagnoli (1250 m).
Gehzeiten: Gesamt 3 ½ Std.; »Ferrata Viali« – Monte Gramolòn 2 Std., Abstieg 1 ½ Std.
Highlights: Die steilen Leitern in der Klamm.
Einkehr: Rifugio Bertagnoli (1250 m), bewirtschaftet Anfang Juni bis Ende September, bis Ende November an Wochenenden.
Fototipp: Gute Actionmotive in der Schlucht, Gipfelpanorama bei klarer Sicht (Herbst).

mittel

3½ Std.

570 m

Kennen Sie den Monte Gramolòn? Nein? Macht nichts, schließlich weiß in Verona oder Vicenza ja auch kaum jemand, wo der Heimgarten steht. Der ist fast so hoch, wird aber wohl noch häufiger bestiegen als der Gipfel im Tre-Croci-Kamm. Dass auch der Gramolòn seine Liebhaber hat, verdankt er weniger dem schönen Panorama oder den vielen Blumen, die im Frühsommer an seinen Flanken blühen, als vielmehr der »Ferrata Viali«, einer spannenden, auch landschaftlich ansprechenden Route. Sie verläuft durch eine wilde Felsklamm, was für viele spektakuläre Eindrücke sorgt, aber auch Gefahr in sich birgt: Steinschlag, ausgelöst durch Vorsteigende. Und die gibts an Wochenenden fast immer. Die Steigerbauer haben entsprechende Hinweise angebracht, dazu sind besonders gefährdete Stellen markiert. Und im Rifugio Bertagnoli wird man gleich gefragt, ob der »casco« auch im Rucksack sei ...

Die gesicherte Route läuft auf einen breiten alten Kriegsweg aus, dem »Sentiero Milani«; zum Gipfel des Gramolòn hat man dann noch einen dreiviertelstündigen Aufstieg: ein markiertes Weglein mit einer 40-Meter-Bizeps-Variante am dicken Drahtseil.

➜ **Anfahrt** Nur von Süden! Ab Arignano (120 m) ins Valle del Chiampo nach Ferrazza (361 m),

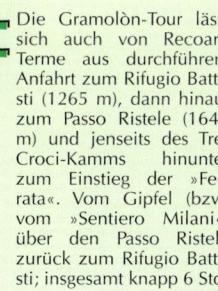

Tipp

Die Gramolòn-Tour lässt sich auch von Recoaro Terme aus durchführen: Anfahrt zum Rifugio Battisti (1265 m), dann hinauf zum Passo Ristele (1641 m) und jenseits des Tre-Croci-Kamms hinunter zum Einstieg der »Ferrata«. Vom Gipfel (bzw. vom »Sentiero Milani«) über den Passo Ristele zurück zum Rifugio Battisti; insgesamt knapp 6 Std.

34

dann weiter aufwärts zum Rifugio Bertagnoli (1250 m), 28 km. Parkplatz.

↑ **Via ferrata Angelo Viali**

Hinter dem stattlichen Haus rechts (Wegzeiger), der Markierung 221 folgend, kurz aufwärts, dann um ein felsiges Eck herum und an Drahtseilen leicht bergab in den Schluchtgrund (ca. 1270 m). Rechts, etwas oberhalb des Weges, entdeckt man im Geröllbett eine Tafel: »Via ferrata Angelo Viali, 1978«. Helm auf und in der Klamm über Blockwerk und Geschiebe mühsam aufwärts zum ersten Drahtseil. Beeindruckende Szenerie mit hochragenden Felsflanken links wie rechts. Der Steig verläuft über knapp 200 Höhenmeter in der Schlucht, mit Fixseilen gut gesichert. Zwei mächtige Felsbarrieren lassen sich allerdings nur mit Hilfe langer Leitern überwinden; die erste, fast 20 Meter hoch und ziemlich verbeult, ist unten leicht überhängend. Schließlich leiten Drahtseile aus dem wilden Schlund auf einen felsdurchsetzten Hang; hier folgen nochmals dreißig Leitersprossen, senkrecht übereinander. Eine seilgesicherte Querung leitet zuletzt direkt auf den »Sentiero Milani«.

Von dem ehemaligen Nachschubweg kann man wahlweise links auf dem »Sentiero Bertagnoli« oder rechts über einen aufgelassenen Steinbruch (Abzweigung knapp unterhalb des Passo del Mesole, kein Wegzeiger!) absteigen. Der Gipfelweg führt über einen latschenbewachsenen Rücken in eine steile

Hübscher Lockenkopf, nur halt schlecht geschützt...

Grasrinne; ein Felsaufschwung wird rechts umgangen. Wer noch Lust auf einen kleinen Kraftakt hat, nimmt hier die »Direttissima« am dicken Drahtseil – hau ruck! Vom Gipfel des Monte Gramolòn (1814 m) genießt man eine bemerkenswerte Aussicht auf die Piccole Dolomiti und den Pasubiostock – weitere schöne Ziele für Klettersteigler.

Die untere Leiter an der »Ferrata Viali« – schon ziemlich verbeult.

↘ **Abstieg** Vom Gipfelkreuz über Wiesen nordwestwärts, den rot-weißen Markierungen folgend, abwärts zu einem Wegzeiger. Hier rechts Richtung Norden hinunter gegen den Passo Ristele (1641 m), wo man auf den »Sentiero Milani« stößt. Er schneidet, leicht an Höhe verlierend, die Westflanke des Monte Gramolòn. Am Passo della Scagina (1548 m, Wegzeiger) rechts abwärts, durch die schmale Scharte und in Serpentinen auf dem alten Kriegsweg hinunter in die wilde Schlucht. Am Einstieg zur »Ferrata Viali« vorbei und zurück zum Rifugio Bertagnoli.

REGISTER

DER AUTOR

Eugen E. Hüsler, geb. 1944 in Zürich, veröffentlicht Reiseführer über Alpenländer, Wander- und Klettersteigführer sowie Bildbände. Inzwischen sind es über 50 Titel. Seit 25 Jahren ist er in den Alpen unterwegs, vor allem wandernd, gerne auch mit dem Seil, ohne ein Extremer zu sein. Eugen E. Hüsler lebt seit 1983 in Bayern. Bei Bruckmann erschien zuletzt von ihm der »Klettersteigatlas Alpen«.

Eine Produktion des **Bruckmann**-Teams, München
Lektorat: Heinrich Bauregger und Georg Steinbichler

Kartografie: Christian Rolle, Umweltkartographie und Geoinformationstechnik, Holzkirchen
Darstellung der Anstiegsskizzen: Eugen E. Hüsler
Layout und Satz: EDV-Fotosatz Huber, Germering/
Verlagsservice G. Pfeifer, Germering

Titelfoto: Tiefblick von der Via dell'Amicizia auf Riva (Foto: Don Fuchs).
Umschlagrückseite: In der Route »Che Guevara« (Foto: Eugen E. Hüsler).

Abbildung Seite 1: Am Toblinosee
Abbildung Seite 2: Die lange Leiter an der »Via dell'Amicizia«.
Alle Fotos im Innenteil von Eugen E. Hüsler mit folgenden Ausnahmen:
J. Frank: S. 60, 61, S. 80; D. Fuchs: S. 2, 15; St. Herbke: S. 82, 84; M. Kostner: S. 105, 106; W. Rauschel: S. 1, 107.

Alle Angaben dieses Werkes wurden von den Autoren sorgfältig recherchiert und auf den aktuellen Stand gebracht sowie vom Verlag auf Stimmigkeit geprüft. Für die Richtigkeit der Angaben kann jedoch keine Haftung übernommen werden. Für Hinweise und Anregungen sind wir jederzeit dankbar. Bitte richten Sie diese an den Bruckmann Verlag GmbH, Lektorat, Nymphenburger Str. 86, 80636 München.

Gedruckt auf chlorfrei gebleichtem Papier

Die Deutsche Bibliothek – CIP-Einheitsaufnahme

Ein Titeldatensatz für diese Publikation ist bei
Der Deutschen Bibliothek erhältlich

Gesamtverzeichnis gratis:
Bruckmann Verlag GmbH, Nymphenburger Str. 86, 80636 München
Internet: www.bruckmann.de

© 2000 Bruckmann Verlag GmbH, München
Alle Rechte vorbehalten.
Printed in Italy by Printer Trento s.r.l.
ISBN 3-7654-3595-3

Ausgezeichnete Wanderführer

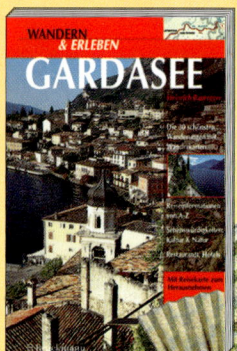

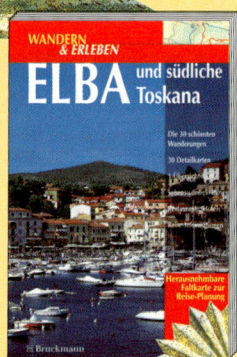
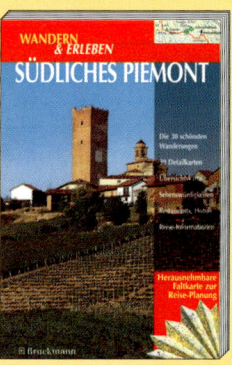